Lust auf Mosel

Die 100 besten Rezepte der Weingüter

Lust auf Mosel

Die 100 besten Rezepte der Weingüter

Mit Weinempfehlungen von Thomas Ibald
(Landwirtschaftskammer Rheinland-Pfalz, Koblenz)

Herausgegeben von Maria Gietzen

LEINPFAD
VERLAG

Umschlag: kosa-design, Ingelheim
Fotos:
S. 8: Leinpfad Verlag, Ingelheim
Alle Rezeptfotos: David Hall, Frankfurt
Alle anderen Fotos: Thomas Lemmler, Hamburg

Satz: Leinpfad Verlag, Ingelheim
Druck: TZ-Verlag & Print GmbH, Roßdorf / www.tz-verlag.de

Leinpfad Verlag, Leinpfad 5, 55218 Ingelheim,
Tel. 06132/8369, Fax: 896951
E-Mail: info@leinpfadverlag.de
www.leinpfad-verlag.de

ISBN 3-937782-08-7

Inhalt

„Wenn ich an die Mosel denke, denke ich nicht nur an eine atemberaubende Landschaft. Ich habe grandiose, unvergessliche Kombinationen von Speisen und Wein erlebt - mir läuft das Wasser im Mund zusammen." Dies sagt Catherine Thevenot, Sommelière des Jahres 2003 (Schlemmer-Atlas 2003)*. Und wie Recht sie hat: Ob Feine Erbsensuppe mit Sekt, Mosel-Zander auf Raukesalat mit Elbling-Essig-Zwiebeln, Riesling-Huhn, Artischockenböden an Flusskrebsen, Senfsauce und frischen Kräutern oder Riesling-Sekt-Mousse mit Trauben: Schon beim Lesen werden die Geschmacksnerven gekitzelt, möchte man am liebsten genüsslich ein Gläschen spritzigen Riesling schlürfen und sofort den Kochlöffel zur Hand nehmen und mit dem Nachkochen beginnen.

Die Jury mit (hinten v.l.n.r.) Léa Linster, Maria Gietzen, Annette Köwerich und (vorne v.l.n.r.) Martina Engelmann-Hermen und Angelika Schulz-Parthu.

Zuvor sollte man allerdings sicherstellen, dass der häusliche Weinvorrat ausreichend ist, vor allem an Rieslingen von der Mosel, denen Catherine Thevenot eine „einmalige Vielfältigkeit, ob jung, alt, trocken oder süß - jedes Mal ein Stück Paradies" zugesteht.

Zitiert nach: Annette Köwerich/Thomas Lemmler: Ein kleines Bilder- und Lesebuch von der Mosel, Leiwen 2003

Wein **zum** Essen, ja natürlich, keine Frage - aber Wein **im** Essen? Für die Autoren der Rezepte, die Winzerinnen und Winzer an der Mosel, eine Selbstverständlichkeit. Vielen Gerichten gibt der Wein, allen voran natürlich der Riesling, aber auch Elbling, Weiß- und Spätburgunder, erst die Würze und die typische Note. Keine Köchin, kein Koch an der Mosel geht zu Werke ohne einen Gedanken an den Wein, der zur jeweiligen Speise passt oder dazu ganz einfach schmeckt. Daher gibt es auch zu allen Rezepten Weinempfehlungen von Thomas Ibald, dem Leiter der Prüfstelle bei der Landwirtschaftskammer Koblenz. Er verweist dabei insbesondere auf die geradezu prädestinierten Essensbegleiter der klassisch und international trockenen Geschmacksrichtung: Riesling CLASSIC, Riesling SELECTION und Riesling S (s. S. 10).

Ganz besonders hat mich gefreut, dass so viele Winzerinnen und Winzer dem Aufruf gefolgt sind, uns „erprobte Rezepte mit frischen Zutaten aus der Region" zu schicken. Die Vielfalt der verwendeten Zutaten war überraschend: Ob Rosmarin, Thymian, Liebstöckel, Walnüsse, Speierling, Roter Weinbergspfirsich, ob Mosel-Rotauge oder Moselaal, ob Kaninchen oder Wildschwein: Was die Mosel alles an Obst, Fisch, Gemüse oder Wild zu bieten hat zeigen die eingereichten Rezepte und laden zu ganz unerwarteten Geschmackserlebnissen ein.

Die Auswahl der Rezepte wurde von einer Jury vorgenommen, der außer mir auch Annette Köwerich, die im letzten Sommer ‚Ein kleines Bilder- und Lesebuch von der Mosel" veröffentlicht hat, Martina Engelmann (Mosellandtouristik) und Angelika Schulz-Parthu vom Leinpfad Verlag angehörten. Besonders erfreulich: Mit der Luxemburger Köchin Léa Linster konnte zudem eine Spitzenköchin als Jurymitglied gewonnen werden: ‚Regionale Gerichte und die hervorragenden Weine von der Mosel, das passt." Schließlich besitzt sie selbst einen Weinberg und baut dort Elbling an. Die Jury war von den Rezepten begeistert, zeigen sie doch die ungeheure Freude der Winzerinnen und Winzer am Kochen und die Liebe zum Wein.

Lassen auch Sie sich von der moselländischen Küche inspirieren, vielleicht zu einer Reise zu Wein, Genuss und Lebensfreude in die einzigartige Kulturlandschaft des Moseltals oder holen Sie sich einfach mit diesen Rezepten die Lust auf die und auf den Mosel nach Hause! Vielleicht erschließt sich Ihnen die gleiche Liebe und Begeisterung für eine wunderbare Region, wie ich sie als Mosellanerin für meine Heimat empfinde.

Maria Gietzen

Der Begriff „Classic" signalisiert dem Weinfreund, dass er einen Wein aus einer klassischen gebietstypischen Rebsorte vor sich hat, der einem gehobenen Qualitätsanspruch genügt, gehaltvoll, kräftig und aromatisch schmeckt sowie einem trockenen Geschmacksprofil entspricht. Sorgfältig ausgesuchte Weine der Spitzenklasse - das signalisiert dem Weinkenner der Begriff „Selection". Greift er zu einer solchen Flasche, so hat er ein erlesenes Produkt deutscher Weinmacherkunst in der Hand. Geschmacksbild: trocken

Ausgewählte Standorte, geringer Ertrag und Handlese sind Garanten der überragenden Qualität dieser Weine. Sie dürfen erst knapp ein Jahr nach der Ernte - frühestens jeweils am 1. September des auf die Ernte folgenden Jahres - verkauft werden, damit der Wein Zeit zur Reife hat. Um welchen Jahrgang es sich handelt, muss auf dem Etikett zu lesen sein. Unter dem neuen Gütesiegel „Riesling S" können Winzer an Mosel-Saar-Ruwer künftig unter besonders strengen Auflagen ihre besten Tropfen vermarkten. Die Weine mit der Klassifikation S müssen nach Angaben des Weinbau-Verbandes zu 100 Prozent aus Riesling mit einer harmonischen Gesamtsäure zwischen 6 und 7,5 Gramm pro Liter bestehen. Für die Steillagen sind 30 Grad Steigung festgesetzt, darüber hinaus mindestens 11,5 Volumenprozent und 80 Grad Oechsle Minimum. Überhaupt bleibt insgesamt festzustellen, dass an der Mosel in den letzten Jahren enorme Qualitätsanstrengungen unternommen werden, die zu wunderbaren mineralisch-fruchtigen Weinen führen.

Suppengemüse, Wein und Sahne machen den Geschmack dieser mosselländischen Weinsuppe aus. Ein I-Tüpfelchen ist der Zimt, der sowohl in die Suppe wie auch an die Croutons kommt.

Moselländische Weinsuppe mit Zimtbrotwürfeln

Für 4-6 Personen:
1 Stange Lauch
2 Zwiebeln
2 große Möhren
1/4 Sellerieknolle
2 EL Butter
2 EL Mehl
1/2 l Gemüsebrühe
1/2 l Mosel-Riesling halbtrocken
Salz, Pfeffer
1/2 TL Zimt
200 g Sahne
2 Scheiben Toastbrot
etwas Butter
Zimt

Den Lauch putzen, der Länge nach halbieren, waschen und in kleine Stücke schneiden. Die Zwiebeln, Möhren und die Sellerieknolle putzen, waschen und klein schneiden. Alle Zutaten in der Butter anschwitzen, mit Mehl bestäuben und mit der Brühe ablöschen. Wein und Sahne dazugeben, mit Salz, Pfeffer und Zimt würzen und kurz aufkochen. Das Toastbrot würfeln, in einer Pfanne mit der Butter anrösten, mit Zimt bestäuben und noch heiß auf die in Suppentassen gefüllte Suppe geben.

Heidi Spang, Weingut Spang, Piesport

Weinempfehlung:
Mosel-Saar-Ruwer Riesling QbA halbtrocken, nicht zu alkoholbetont; Riesling oder Rivaner CLASSIC.

Hühnersuppe mit Kerbel

Für 4 Personen:
1 große Zwiebel
3 EL Butter
1/2 l Hühnerbrühe
1/2 l trockener oder halbtrockener Riesling
1 EL Mehl
1/4 l Sahne
2 Eigelb
1/2 TL Salz
1/2 TL frisch gemahlener Pfeffer
2 Scheiben Toast oder Weißbrot
2 EL frischer Kerbel

Die Zwiebel sehr fein würfeln und in einem Esslöffel Butter glasig dünsten. Hühnerbrühe und Riesling langsam angießen und den Topfdeckel so auflegen, dass ein Spalt offen bleibt. Die Suppe bei mittlerer Temperatur auf etwa die Hälfte einkochen lassen. Einen Esslöffel Butter mit dem Mehl vermischen, den Buttermehlkloß in die Suppe einrühren, bis er sich gelöst hat und weitere 5 Minuten köcheln lassen. Die Sahne unterschlagen und eine weitere Minute stark kochen lassen. Die Suppe vom Herd nehmen und die geschlagenen Eigelbe unterrühren, mit Salz und Pfeffer abschmecken. Inzwischen den Toast oder das Weißbrot rösten, in kleine Würfel schneiden und in einem Esslöffel Butter braun braten (Croutons).
Die Suppe in Tellern oder Suppentassen servieren, mit Kerbel und Croutons bestreuen.

Barbara Selbach, Weingut Selbach-Oster, Zeltingen

Weinempfehlung:
Mosel-Saar-Ruwer Riesling Kabinett trocken oder halbtrocken, nicht zu jung (2-3 Jahre alt).

Wein-Lauchsuppe mit Gorgonzola

Für 6 Personen:
3 große Stangen Lauch
3 große Kartoffeln
Butter
1 l Fleischbrühe
200 g Gorgonzola
200 ml Mosel-Riesling
300 ml Sahne
Pfeffer

Den Lauch in Ringe, die Kartoffeln in Würfel schneiden und alles in Butter zwei Minuten andünsten. Die Fleischbrühe dazugeben, den Gorgonzola, den Wein und die Sahne einrühren, mit Pfeffer abschmecken und pürieren. Dazu Stangenweißbrot reichen.

Birgit Schömann, Weingut Walter Gerlach, Ürzig

Weinempfehlung:
Kräftiger Mosel-Saar-Ruwer Riesling trocken mit moderater Säure (Riesling SELECTION, Riesling CLASSIC, Riesling S).

Kartoffelsuppe mit Avocado

Für 4-5 Personen:
2 Zwiebeln, gewürfelt
2 Knoblauchzehen, zerdrückt
1 TL Senfkörner, zerstoßen
500 g rohe Kartoffelwürfel
3/4 l Brühe
1 reife Avocado
3 EL Zitronensaft
Salz, Pfeffer
4-5 EL geschlagene Sahne
etwas gehackte glatte Petersilie

Zwiebeln, Knoblauchzehen, Senfkörner und Kartoffeln in Margarine oder Öl andünsten, mit der Brühe ablöschen und ca. 20 Minuten garen. Die Avocado halbieren, schälen und den Kern herauslösen; 3/4 des Fruchtfleisches grob würfeln und in die Suppe geben. Die Suppe noch mal aufkochen, pürieren und mit Salz und Pfeffer abschmecken. Die restliche Avocado würfeln und sofort mit Zitronensaft beträufeln.
Die Suppe mit den marinierten Avocadowürfeln, gehackter Petersilie und einem Sahnehäubchen servieren.

Waltraud Schardt, Weingut Amlinger-Erben, Bullay

Weinempfehlung:
Mosel-Saar-Ruwer Riesling CLASSIC; Mosel-Saar-Ruwer Weißburgunder QbA oder Spätlese trocken.

Kartoffeln machen diese Spinatsuppe sämig, die sehr fein mit Sahne und Basilikum abgeschmeckt wird.

Spinatsuppe

Für 2 Personen:
1 mittelgroße Kartoffel
2 Tassen Wasser
1TL Salz
350 g Spinat
etwas gekörnte Gemüsebrühe
2 Stängel Basilikum
1 Knoblauchzehe
wenig Muskat
ein Schuss Sahne
eventuell geriebener Käse

Die Kartoffeln schälen, in Stücke schneiden und mit Wasser und Salz 10 bis 15 Minuten kochen.
Spinat verlesen, waschen, gut abtropfen lassen, grob zerschneiden, zu den Kartoffeln in den Topf geben und 5 Minuten weiterkochen lassen. Wenn nötig, Wasser ergänzen. Das Ganze mit Gemüsebrühekonzentrat, Basilikumblättern, Knoblauch und Muskat würzen. Die Suppe pürieren, mit einem Schuss Sahne abrunden und - wer mag - mit Käse überstreuen.

Variationen:
Nach dem Rezept kann man auch eine feine Suppe aus frisch geernteten Gierschblättern (etwas länger) kochen oder aus frischen Radieschenblättern zubereiten. Letztere nicht mit Basilikum würzen. Stattdessen ein paar dünne Radieschenscheiben auf die Suppe legen.
Sehr fein ist auch eine Suppe, zu der man statt Spinat frische Brennnesselblätter nimmt (auch ohne Basilikum).

Heide Weidemann, Weingut Johannes Schneider, Maring-Noviand

Weinempfehlung:
Trockene oder halbtrockene Mosel-Saar-Ruwer Weißweine (Riesling, Rivaner, Elbling) mit zurückhaltendem Bukett.

Moselländische Kartoffelsuppe

Für 4 Personen:
750 g mehlig kochende Kartoffeln
2 Möhren
100 g Sellerie
1 Stange Lauch
100 g Rauchfleisch
2 EL Butter
1/2 l Gemüsebrühe
1/4 l trockener Riesling
1/2 TL Salz
frischer Majoran
100 g Schmand
1/4 l Sahne
Muskat, Salz, Pfeffer, 1 Prise Zucker
zum Garnieren: knusprige Brotwürfel, frischer Majoran

Die Kartoffeln, die Möhren und den Sellerie schälen und in Würfel schneiden. Den Lauch in feine Ringe schneiden und das Rauchfleisch zuerst in feine Streifen und dann in Würfel schneiden. Alles in Butter andünsten, mit der Gemüsebrühe auffüllen (die Kartoffeln dürfen knapp bedeckt sein), Riesling, Salz und Majoran dazugeben und so lange kochen lassen, bis die Kartoffeln gar sind. Die Suppe mit dem Schneidstab fein pürieren, Schmand und Sahne dazugeben und mit Salz, Pfeffer und Zucker abschmecken. Die Suppe mit knusprigen Brotwürfeln und einigen Blättchen frischem Majoran bestreuen.

Margret Oberbillig, Weingut St. Annenhof, Trier

Weinempfehlung:
Trockene Mosel-Saar-Ruwer Riesling Spätlese.

Feine Erbsensuppe mit Krabben

Für 4 Personen:
2 Zwiebeln
150 g Möhren
4 EL Rapsöl
750 ml Gemüsebrühe
50 g Reismehl
1 TL Bohnenkraut, fein gehackt
1 TL Estragon, fein gehackt
450 g Erbsen (frisch oder tief gefroren)
100 ml Riesling
80 ml Sahne
200 g Krabbenfleisch
Salz, Pfeffer
1 Glas Riesling Sekt

Zwiebeln und Möhren schälen, würfeln und in dem Rapsöl andünsten, mit der Gemüsebrühe ablöschen, pürieren, dann das Reismehl einrühren. Bohnenkraut, Estragon und Erbsen zugeben. Die Suppe kurz aufkochen, dann ca. 5-8 Minuten köcheln lassen, anschließend Wein, Sahne und das Krabbenfleisch zugeben. 5 Minuten auf kleiner Flamme ziehen lassen, nicht mehr kochen! Mit Salz und Pfeffer abschmecken, zum Schluss den Sekt einrühren und sofort servieren.

Ute Kries, Weingut Kries, Dieblich

Weinempfehlung:
Leichte Mosel-Saar-Ruwer Weißweine (Riesling, Elbling, Weißburgunder, Rivaner) oder den zur Suppe verwendeten Riesling Sekt? Ausprobieren!

Kürbiscremesuppe

Für 8 Personen:
2 Zwiebeln
Butter
1/2 TL Zucker
250 g Möhren
500 g Kürbisfleisch
1 kleine Kartoffel
1 l Gemüsebrühe
Ingwer, etwas Curry, Salz
1/2 Chilischote
ein Schuss Weißwein
etwas Sahne
Kürbiskerne

Die Zwiebeln würfeln und in einem großen Topf mit Butter und Zucker andünsten. Möhren und Kartoffel, schälen, würfeln, in den Topf geben und ebenfalls kurz andünsten. Kürbisfleisch in Stücke schneiden, mit der halben Chilischote in den Topf geben, mit Gemüsebrühe auffüllen und alles in etwa 1/2 Stunde weich kochen. Dann die Chilischote entfernen, die Suppe mit dem Schneidstab pürieren und mit Ingwer, Curry, Salz und dem Wein pikant abschmecken. Zum Schluss mit der Sahne abrunden oder diese auf die Suppe geben und einige Kürbiskerne darüber streuen.

Tipp: Besonders hübsch ist es, wenn man die Suppe – bei größeren Mengen - in einem ausgehöhlten Kürbis serviert.

Katrin Sonnemann, Königsfarm, Longkamp

Weinempfehlung:
Der Mosel-Saar-Ruwer CLASSIC-Weißwein darf etwas kräftiger im Alkohol sein; Grauburgunder trocken bringt eine eigene Note dazu.

Rauke-Suppe mit Riesling

Für 4-6 Personen:
1 große Zwiebel
4 große Kartoffeln
Salz oder gekörnte Brühe, Muskat
60 g Butter
250 g frische Rauke (Rucola)
1 Becher Crème fraîche mit Kräutern
ca. 900 ml Wasser
ca. 50-100 ml trockener Riesling
50 g Butter
Weißbrotwürfel
150 g geschlagene Sahne

Die Zwiebel klein schneiden und in Butter hell andünsten, klein geschnittene Kartoffeln dazugeben, mit Wasser auffüllen und mit Salz oder gekörnter Brühe würzen. Für ca. 30 Minuten köcheln lassen, dann die frische Rauke (ein paar Blättchen zurückbehalten), die Crème fraîche und den Wein dazugeben und das Ganze noch weitere 10 Minuten köcheln lassen. Mit einem Schneidstab die Suppe pürieren und aufschäumen, gegebenenfalls mit Salz und Muskat etwas nachwürzen.
In einer Pfanne die Weißbrotwürfel in der Butter hellbraun rösten.
Die Suppe in vorgewärmte Teller geben, in die Mitte einen Klecks geschlagene Sahne geben, mit den restlichen Rauke-Blättern, die vorher klein gehackt worden sind, und den gerösteten Weißbrotwürfeln bestreuen.

Christa Jüngling, Weingut Paulinshof, Kesten

Tipp: Die Rauke ist inzwischen unter ihrem italienischen Namen Rucola sehr bekannt geworden, aber sie wächst auch hier, sogar wild - kann also gesammelt werden - und hat einen intensiv-würzigen Geschmack.

Weinempfehlung:
Mosel-Saar-Ruwer Riesling Kabinett oder Spätlese trocken, nicht zu alkoholbetont; Rivaner trocken.

Eine wunderbare Frühlingssuppe!

Sauerampfersuppe

Für 4 Personen:
2 Handvoll Sauerampfer
etwas Kerbel
2 EL Butter
2 EL Mehl
1 l Gemüsebrühe
Salz, Pfeffer
1 Eigelb
100 ml Sahne

Die Kräuter gut waschen, fein hacken, in der Butter leicht andünsten, mit dem Mehl bestäuben und mit der Gemüsebrühe ablöschen und gut durchkochen. Die Sauerampfersuppe eventuell durchpassieren, mit Salz und Pfeffer würzen und mit dem Eigelb und der Sahne legieren.

Magdalena Ibald, Weingut Thomas Ibald, Hatzenport

Weinempfehlung:
Mosel-Saar-Ruwer weiß und trocken; gerne auch in der Säure etwas pikanter.

Weinsuppe mit Pilzen

Für 4 Personen:
20 g Butterschmalz
250 g frische Champignons
1/2 l Hühnerbrühe
1/4 l Sahne
1/4 l Mosel-Riesling
2-3 TL Stärke
Salz, Pfeffer, Muskat
gehackte frische Kräuter

Die Champignons in Scheiben schneiden und im Butterschmalz anbraten. Hühnerbrühe und Sahne erhitzen und etwas einkochen lassen. Den Riesling mit der Stärke verquirlen, zugeben und köcheln lassen. Die angebratenen Champignons hinzugeben und mit den gehackten Kräutern, Salz, Pfeffer und Muskat abschmecken.

Rita Jung, Ferienweingut Jung, Longuich

Weinempfehlung:
Einen trockenen oder halbtrockenen Mosel-Saar-Ruwer Elbling oder einen Riesling, dann durchaus mit „Schmackes" (SELECTION, CLASSIC, Riesling S).

Buttermilch-Bohnen-Suppe

Für 4 Personen:
4 Kartoffeln
500 g grüne Stangenbohnen
3 EL Butter
2 EL Mehl
1 l Buttermilch
Salz

Die Kartoffeln schälen und in kleine Würfel schneiden und kochen, die Bohnen klein schneiden und ebenfalls kochen. In einem Kochtopf die Butter erhitzen und mit etwas Mehl anschwitzen. Die Buttermilch vorsichtig dazu geben und ganz langsam erhitzen; dann die Kartoffeln und die Bohnen dazugeben und mit Salz abschmecken.

Jutta Bastian, Weingut Dirk Bastian, Winningen

Weinempfehlung:
Trockene Mosel-Saar-Ruwer Weißburgunder, Elbling, Rivaner – wenig Säure ist angesagt!

Diese Suppe ist bei den Gästen des Winzerhofs Gietzen äußerst beliebt. Ihren wunderbaren Geschmack bekommt sie durch die Gemüse und die vielen Kräuter!

Riesling-Kräutersuppe

Für 4 Personen:
1 Bund Suppengemüse (Sellerie, Möhren, Lauch, Blumenkohl)
1 Schalotte
20 g Butter
1/2 l Riesling, halbtrocken
1 1/4 l Gemüsebrühe
1 Bund Petersilie
1 Bund Schnittlauch
einige Zweige Kerbel
einige Zweige Estragon
250 g Streichrahm (25%)

Das Gemüse putzen und in kleine Stücke schneiden. Die Schalotte würfeln und in Butter andünsten. Gemüse zugeben und andünsten. Mit Wein auffüllen, köcheln lassen, bis der Wein fast vollständig eingekocht ist. Mit Gemüsebrühe auffüllen, auf kleiner Flamme köcheln lassen, bis das Gemüse weich ist. Kräuter waschen, von den Stielen zupfen und fein hacken. Streichrahm in die Suppe geben und unterrühren; Kräuter zugeben, abschmecken und 1/2 Stunde ziehen lassen. Durch ein Sieb rühren oder die Suppe vom Gemüse abschöpfen. - Dazu passt frisches Nussbrot.

Friedhilde Fröhlich, Winzerhof Gietzen, Hatzenport

Weinempfehlung:
Mosel-Saar-Ruwer Riesling Spätlese oder Auslese trocken und halbtrocken, mit alkoholischem Rückgrat; Riesling SELECTION, Riesling S.

Weisses Tomatensüppchen mit Basilikumpesto

Für 4 Personen:
500 g reife Tomaten
200 ml Elbling halbtrocken
800 ml Hühnerbrühe
je 2 Zweige Thymian, Basilikum
2 Schalotten, in Streifen geschnitten
2 Knoblauchzehen, geschält
4 getrocknete Tomatenfilets
150 ml Sahne, 2 EL geschlagene Sahne
50 g Crème fraîche
50 g kalte Butter

Basilikumpesto:
50 g Basilikumblätter
120 ml Olivenöl
1 Knoblauchzehe, geschält
Salz, Pfeffer aus der Mühle
15 g Pinienkerne, ohne Fett geröstet
30 g Parmesan, gerieben
4 EL Brotcroutons, geröstet

Die Tomaten waschen und vierteln. Mit Weißwein, Hühnerbrühe und Salz in einem Mixer pürieren. Thymian, Basilikumzweige, Schalottenstreifen, Knoblauchzehen und getrocknete Tomaten beigeben. Alles in einen Topf geben und das Ganze einmal aufkochen lassen, anschließend etwas ziehen lassen. Ein Sieb mit einem Passiertuch auslegen, die Masse hineingießen und langsam, ohne zu drücken, durchlaufen lassen. Es muss ein klarer Fond entstehen. Den Tomatenfond mit der Sahne aufkochen und gut einkochen lassen. Die Crème fraîche beigeben und nochmals aufkochen lassen. Mit Salz und Pfeffer abschmecken und kurz vor dem Servieren die kalten Butterwürfel beigeben und glatt rühren (nicht mehr kochen lassen!). Die geschlagene Sahne zugeben und schaumig rühren.
Für das Basilikumpesto die Basilikumblätter in einen Mixbecher geben. Olivenöl, Knoblauchzehe, Salz, Pfeffer und geröstete Pinienkerne zugeben und zu einer glatten Paste mixen. Den geriebenen Parmesan zugeben und nochmals kurz aufmixen. Die Suppe in tiefen Tellern verteilen, das Pesto hineinträufeln und mit Brotcroutons servieren.

Carina Dostert, Weingut Matthias Dostert, Nittel

Weinempfehlung:
Mosel-Saar-Ruwer Elbling QbA trocken und halbtrocken ist hier quasi vorgegeben.

Markklösschensuppe

Für 4 Personen:

Brühe:

500 g Rinderknochen
Suppengemüse
1 Zwiebel mit Schale
1,5–2 l Wasser
Salz
Liebstöckel oder Selleriegrün nach Geschmack

Markklößchen:

40 g Rindermark
1/2 altes Brötchen
1 Ei
40 g Paniermehl
Muskat
Petersilie, fein gehackt, oder Schnittlauch, in feine Röllchen geschnitten

Die Zutaten für die Suppe ins kalte Wasser geben, aufkochen und ca. 2 Stunden leise kochen lassen (oder im Dampfdrucktopf 20 Minuten lang). Die Brühe abseihen.
Für die Klößchen das Mark klein schneiden und in einem heißen Topf auslassen; das Brötchen einweichen, dann gut ausdrücken. Abgekühltes Mark schaumig rühren und die restlichen Zutaten untermischen. Probekloß formen und in die abgeschmeckte, kochende Brühe legen. Wenn er hält, alle Klöße einlegen und 10 Minuten ziehen lassen. Die Suppe mit Kräutern bestreut servieren

Edeltraud Weber, DLR Mosel, Bernkastel-Kues

Weinempfehlung:

Mosel-Saar-Ruwer Riesling CLASSIC zur klassischen Eröffnung des Festtagsessens der Moselaner.

Garten in Leiwen.

Lea Linsters Bohneneintopf

Für 10 Portionen:
1 kg grüne Bohnen (eventuell TK)
150 g Sellerie, geschält
3 Kartoffeln
2 Zwiebeln
1 Porreestange
Salz
2 EL Mehl
50 g Butter
frisch gemahlener Pfeffer
4 EL gehackte Petersilie
150 g saure Sahne

Die Bohnen putzen, waschen (TK-Bohnen auftauen lassen) und in Stücke von 1 cm Länge schneiden. Den Sellerie in Würfel von 5 mm schneiden. Die Kartoffeln schälen, waschen und ebenfalls fein würfeln. Die Zwiebeln abziehen und fein hacken. Den Porree waschen, die grünen, dicken Blätter abschneiden und das Weiße und das Hellgrüne fein schneiden. Das Gemüse ohne Kartoffeln in einen Topf mit 2 Liter Salzwasser geben, etwa 20 Minuten kochen, dann die Kartoffeln zugeben, sonst zerfallen sie. Mehl in Butter andünsten. Kochwasser durch ein Sieb gießen und nach und nach unterrühren, noch einmal durch ein Sieb und zum Gemüse geben. Alles noch 5 bis 10 Minuten kochen. Abschmecken, Petersilie und saure Sahne darüber geben.
Anstatt saurer Sahne schmeckt dazu auch Schlagsahne mit Essig verrührt.

Tipp: Schmeckt auch mit Mettwurst oder magerem Speck.

Léa Linster, Frissange (Luxemburg)

Weinempfehlung:
Eine Mosel-Saar-Ruwer Riesling SELECTION mit kräftigem Alkoholgehalt: so „dick“ wie der Eintopf!

Der Endiviensalat sieht mit klein geschnittenen rotwangigen Äpfeln ganz besonders schön auf dem Teller aus.

Endiviensalat mit Äpfeln

Für 4 Personen:
2 EL Weißweinessig
1/2 TL Salz
4 EL Sonnenblumenöl
1 Schuss Sahne
1 kleine Zwiebel
2 Äpfel
1 Endiviensalat (große Köpfe zur Hälfte)

Essig mit Salz und Öl sämig rühren. Die Zwiebel fein würfeln. Die Äpfel schälen, vierteln und in schmale Scheiben oder Stifte schneiden. Beides sofort in die Vinaigrette geben, Sahne unterrühren. Den Salat putzen, waschen, evtl. wenige Minuten wässern (damit er nicht zu bitter schmeckt) und trocken schleudern. In nicht zu feine Streifen schneiden oder zupfen und unter die Vinaigrette mischen. Vor dem Servieren evtl. noch einen Schuss Sahne dazugeben.

Variante: Edel wird dieser Wintersalat, wenn man ihn auf einer Platte anrichtet, die man mit ganzen Orangenscheiben umlegt hat, und gehackte, leicht geröstete Haselnüsse darüber streut.

Heide Weidemann, Weingut Johannes Schneider, Maring-Noviand

Weinempfehlung:
Alle Mosel-Saar-Ruwer Weißweinsorten; ein kräftiger Tick Säure schadet nicht.

Kartoffelsalat nach Omas Rezept

Für 10-12 Personen:
4 kg etwa gleich große Kartoffeln, fest kochend
1 kleine Speckschwarte
200 g Dörrfleisch
Pflanzenfett
2 kleine Zwiebeln
5 EL Mayonnaise
etwas Weinessig, Öl und Salz
zum Garnieren: Tomatenscheiben, Gurke, Petersilie, hart gekochtes Ei

Die Kartoffeln mit einer Prise Salz und der Speckschwarte im Kochwasser kochen, noch heiß abpellen und in Scheiben schneiden. Das Dörrfleisch in feine, kleine Würfel schneiden und in Pflanzenfett anbraten. Nun die klein geschnittenen Zwiebeln, das angebratene Dörrfleisch, Mayonnaise, Öl und Weinessig mit den Kartoffelscheiben vermischen; alles mit Salz abschmecken, durchziehen lassen und nach einer Weile nochmals abschmecken.
Den Kartoffelsalat mit Tomatenscheiben, Gurke, etwas Petersilie und hart gekochtem Ei garnieren. - Dazu passen knackige Würstchen.

Bernàrd Ibald, Brunnenhof, Hatzenport

Weinempfehlung:
Mosel-Saar-Ruwer Riesling trocken und halbtrocken; 12% Vol und mehr dürfen es schon sein (Riesling S, Riesling SELECTION).

Schwarzwurzeln sind zu Unrecht in Vergessenheit geraten. Hier ein Rezept, das ihren Geschmack hervorragend in einem winterlichen Salat zur Geltung bringt:

Schwarzwurzel-Linsensalat auf winterlichem Blattsalat

Für 2 Personen:
4 EL Linsen
2 Stangen Schwarzwurzeln
1/2 Apfel
1/2 Zwiebel, rot
1/2 Chicorée
6 Raukeblätter (Rucola)
6 Eichblattsalat-Blätter
6 Radicchioblätter
4 Scheiben Räucherspeck
1/8 l Milch
5 EL Gemüsebrühe
1 EL Petersilie
2 EL Obstessig
2 EL Rapsöl
Jodsalz, Pfeffer
einige Minzeblättchen zum Garnieren

Die Linsen über Nacht einweichen, dann bissfest kochen. Die Schwarzwurzeln schälen und in Salzwasser blanchieren; den Apfel in feine Spalten schneiden; die Zwiebel schälen, in Streifen schneiden; den Chicoree in Schiffchenform teilen, und die Rauke in Streifen schneiden. Die Blattsalate waschen und trocken schleudern; den Speck würfeln.
Schwarzwurzeln, Linsen, Äpfel und Zwiebel in einer Schüssel mischen und mit Salz und Pfeffer würzen. Rauke zugeben, den Speck auslassen und mit den restlichen Zutaten zu einer Marinade rühren. Die noch heiße Marinade über den Salat gießen und gut mischen. Blattsalate mit Chicoreeschiffchen als Bett auf zwei Tellern anrichten; Salat darauf anhäufen; mit Minzeblättern garnieren.

Edeltraud Weber, DLR Mosel, Bernkastel-Kues

Weinempfehlung:
Mosel-Saar-Ruwer Elbling, Rivaner oder auch Weißburgunder.

Feldsalat mit marinierten Kürbisspalten

Für 4 Personen:
400 g Kürbisfleisch
Salz, Pfeffer
1 EL brauner Zucker
4 EL Öl
2 EL Weißweinessig
100 g Feldsalat
1 EL Weinessig
2 EL Raps- oder Sonnenblumenöl
2 EL Kürbiskerne

Den Kürbis in schmale Spalten schneiden und schälen. Mit Salz, Pfeffer und Zucker würzen. Öl in einer Pfanne erhitzen und die Kürbisspalten darin bei milder Hitze von jeder Seite 2 bis 3 Minuten garen. Mit 2 Esslöffeln Essig ablöschen, eventuell bei geschlossenem Deckel gar dünsten. Abschmecken und abkühlen lassen. Die Kürbiskerne in einer Pfanne ohne Öl anrösten.
Feldsalat putzen, waschen und trocken schleudern. Aus dem restlichen Essig, etwas Salz und Öl eine Vinaigrette rühren, den Feldsalat unterheben.
Sofort auf Teller verteilen, die Kürbisspalten darauf anrichten und mit den Kürbiskernen bestreuen.

Katrin Sonnemann, Königsfarm, Longkamp

Weinempfehlung:
Mosel-Saar-Ruwer Riesling S; Mosel-Saar-Ruwer Riesling CLASSIC.

Sommersalat mit Schafskäse

Für 4 Personen:
Verschiedene Blattsalate: Losso rosso, Endiviensalat, Friséesalat ,
Feldsalat u. ä. m.

Sauce:

1/4 l Blutorangensaft
1 Becher Crème fraîche
1/4 l Catalinasauce (Fertigprodukt)
etwas Zucker
2 EL Sahnemeerrettich
Salz, Pfeffer
200 g Schafskäse
zum Dekorieren: Mais, Paprika, Champignons, Radieschen
Petersilie, Sonnenblumenkerne

Die Salate waschen und trockenschleudern.
Die Zutaten für die Sauce verrühren oder in ein Schraubdeckelglas füllen und durch Schütteln mischen. Den Blattsalat mit einer entsprechenden Menge Salatsauce vermengen; die restliche Sauce im Kühlschrank aufheben. Den gewürfelten Schafskäse über den Salat streuen, mit den übrigen Zutaten dekorieren.

Tipp: Die Salatsauce hält sich im Kühlschrank einige Tage, so hat man immer einen Vorrat.

Jutta Bastian, Weingut Dirk Bastian, Winningen

Weinempfehlung:
Mosel-Saar-Ruwer Riesling ja; leichte Sommerweine wie Rivaner, Elbling und Weißburgunder; zum Ausprobieren: warum nicht einen zarten Mosel-Saar-Ruwer Rosé oder Weißherbst?

Römische Pastete

Teig:

500 g Mehl
2 Eier
50 g Schmalz
2 EL Wasser

Füllung:

1 Bund Schnittlauch
2 Zwiebeln
100 g Champignons
250 g Hähnchenbrustfilets (oder Putenschnitzel)
250 g Schweinefleisch (Schweineschnitzel)
250 g Lammfleisch (oder Rindfleisch)
50 g Rindermark
20 g Schmalz, evt. etwas Paniermehl
1 Ei
Salz, Pfeffer,
Thymian, Basilikum, Kerbel, Rosmarin, sehr fein gehackt oder getrocknet
100 g roher (sog. grüner) Speck in Scheiben

Aus dem Mehl, Eiern, erwärmtem Schmalz und Wasser einen glatten trockenen Teig bereiten und etwa 2 Stunden zugedeckt ruhen lassen.
Alle Fleischsorten durch den Fleischwolf drehen. Das Hackfleisch mit dem fein geschnittenen Schnittlauch, den fein gewiegten Champignons, dem warmen Mark und warmen Schmalz vermengen. Mit Ei, Zwiebeln, eventuell etwas Paniermehl und den Gewürzen vermischen und gut abschmecken.
Mit den Teigplatten die Backform ausschlagen, mit rohem Speck belegen und die Fleischmasse einfüllen.
Den Teigdeckel auf die Füllung geben, mit verquirltem Eigelb bestreichen und einige Löcher zum Entweichen des Backdampfes hineinstechen. Im Backofen bei 200 °C (Gas Stufe 4, Umluft 180 °C) etwa 90 Minuten garen. (Garprobe mit Holzspießchen.)
Diese Pastete schmeckt kalt (kann also auch am Tag vor dem Verzehr vorbereitet werden) oder lauwarm.
Sehr gut passt dazu Johannisbeergelee oder Weingelee.

Birgit Goeres, Weingut Heinrich Busch, Pünderich

Weinempfehlung:
Einen klassischen Mosel-Saar-Ruwer Spätburgunder (kein Barrique!) oder etwas alkoholbetontere Mosel-Saar-Ruwer Riesling QbA von trocken bis feinherb (23 g/l Restzucker)

Weingut, von Weinbergen umgeben.

Leberpastete mit Beerensauce

Für 6 Personen:
250 g gemahlene Schweineleber
500 g Schweinehackfleisch (durchwachsen)
feine Würfel von 1 Zwiebel, 1 Möhre, 1/4 Knollensellerie und dem weißen Teil von 1 Lauchstange
Butterschmalz oder Öl zum Braten
3 cl Weinbrand, 100 ml trockener Riesling
1 EL Senf, 1 Ei
100 g Sahne
Salz, Pfeffer
je 1 Messerspitze Piment und Nelken (gemahlen)
1 EL Petersilie
1/2 TL Thymian (gerebelt)
3-4 Lorbeerblätter (zum Dekorieren)
4-5 Scheiben fetter Speck (zum Belegen)

Beerensauce:

250 g gemischte Beeren (frisch oder TK)
Zucker und Honig (Menge je nach Süße der Früchte)
1/2 TL Senf (am besten Aprikosensenf)
Essig, Salz, Pfeffer

Die Gemüsewürfel mit Butterschmalz oder Öl kurz anbraten, mit Wein und Weinbrand ablöschen und abkühlen lassen.
Das Fleisch mit den Gewürzen und den restlichen Zutaten sowie dem gebratenen Gemüse vermischen und kräftig mit Salz und Pfeffer abschmecken. Die Masse in eine gefettete Auflaufform füllen, mit den Lorbeerblättern dekorieren und mit den Speckscheiben belegen. Im Backofen bei 190° (Gas Stufe 3, Umluft 170°) ca. 70 Minuten in der mit etwas heißem Wasser befüllten Fettpfanne garen. Gegebenenfalls mit Alufolie abdekken, damit die Oberfläche nicht zu stark bräunt. Anschließend noch ca. 15 Minuten im abgeschalteten Ofen durchziehen lassen. Die abgekühlte Pastete in Alufolie gewickelt im Kühlschrank aufbewahren. Nach 3-5 Tagen schmeckt sie besonders fein. Frisch schmeckt sie eher wie ein Hackbraten.
Für die Beerensauce die Beeren pürieren und nach Geschmack mit Zucker und Honig süßen und mit Senf, Essig, Salz und Pfeffer abschmecken.

Hilde Clüsserath, Weingut Clüsserath-Weiler, Trittenheim

Weinempfehlung:
Ein „Zwei-Weine-Gericht": zur Pastete eine „satte", trockene Mosel-Saar-Ruwer Riesling Spätlese (Riesling S); zur Fruchtsauce die Mosel-Saar-Ruwer Riesling Spätlese fruchtsüß – oder umgekehrt? Oder zusammen? Ausprobieren!

Lothringer Pastete mit Weisswein

Für 4 Personen:
250 g Schweineschulter
250 g Rinderschulter
1 Zwiebel
2 Schalotten
1/2 Möhre
Petersilie
1 Nelkenkopf
Lorbeerblatt, Thymian, Pfeffer
1/2 l Auxerrois
400 g Blätterteig
1 Ei

Schweineschulter und Kalbsschulter in Würfel schneiden.
Eine Marinade aus der Zwiebel, 2 Schalotten, der Möhre, Petersilie, der Nelke, dem Lorbeerblatt, Thymian, Salz, Pfeffer, geriebener Muskatnuss und dem Wein zubereiten und das Fleisch 48 Stunden darin marinieren.
Danach das Fleisch gut abtropfen lassen und die Kräuter und Gewürze aus der Marinade nehmen.
400 g Blätterteig in 2 Rechtecke schneiden. Das Fleisch auf das erste Rechteck legen und das zweite Rechteck darüber legen; die Ränder unter das erste Rechteck einschlagen.
Die Pastete mit einem verschlagenen Ei bepinseln, damit sie schön goldgelb wird.
40 Minuten bei 200 °C (Gas Stufe 4, Umluft 180 °C) im Backofen backen. Dazu passt ein grüner Salat.

Marie-Geneviève u. Norbert Molozay, Château de Vaux, Vaux (Lothringen)

Weinempfehlung:
Ein Mosel-Saar-Ruwer Riesling Kabinett halbtrocken oder ein leichter Auxerrois.

Kasseler im Weinteig

Für 1 kg Teig ausreichend für 16 Stücke Kassler à 100 g:
450 g Mehl
1TL Salz
90 ml Wasser,
90 ml trockener Wein
2 EL Weißweinessig
40 g weiche Butter
etwas Mehl zum Ausrollen
360 g kalte Butter

Einlage:
1,6 kg Kasseler
16 Scheiben eines herzhaften Käses aus Käsereien des Hunsrücks oder der Eifel.
250 g Sahne
1 Eigelb

Marinade :
Traubenkernöl 200 ml
Salz, grober Pfeffer
Basilikum, Estragon, Thymian, Rosmarin, Kerbel

Für der Teig das Mehl sieben und mit der Hand eine Vertiefung bilden. In diese alle Zutaten außer der kalten Butter geben und zu einem geschmeidigen Teig verarbeiten. Eine Kugel formen und mit dem Messer einschneiden, damit der Teig sich entspannen kann. 2-3 Stunden im Kühlschrank abgedeckt ruhen lassen.
Dann die Butter zwischen Klarsichtfolie so groß ausrollen, dass man sie gleichmäßig in den Teig einschlagen kann. Eine Stunde in den Kühlschrank legen, damit Butter und Teig die gleiche Temperatur erhalten.
Danach den Teig mit der Butter behutsam zu einem Rechteck ausrollen. Die Enden so übereinander schlagen, dass 3 Schichten entstehen. Das ist die erste Tour. Das Ganze noch 5 mal wiederholen. Den Teig nach jeder Tour im Kühlschrank ruhen lassen, damit er sich entspannen kann.
Dann den Teig ausrollen und in 16 etwa 30 auf 15 cm große Stücke teilen.
Eine Marinade aus Traubenkernöl, grobem schwarzem Pfeffer, Basilikum, Estragon, Thymian, Rosmarin, Kerbel und etwas Salz herstellen. Das Kasseler in 16 etwa 1,5 cm dicke Scheiben schneiden und mit der Marinade bestreichen.
Die Kasselerstücke in die Mitte der Blätterteigstücke legen, mit dem Käse belegen und in den Blätterteig einwickeln. Die Enden

und Seiten mit einer Mischung aus Eigelb und Sahne einpinseln und andrücken.
Im Backofen bei 180 bis 200 °C (Gas Stufe 3-4, Umluft 160-180 ° C) in etwa 15 bis 20 Minuten goldgelb backen lassen.
Schmeckt sehr lecker mit einem frischen bunten Salat, z.B. Lollo rosso, Lollo biondo, Eichblattsalat, Eisbergsalat.

Cäcilia Schmitt, Weingut Josef Schmitt, Longuich

Weinempfehlung:
Zu diesem deftigen Essen passt eigentlich alles, was ‚gegenhalten' kann: trockene und halbtrockene Mosel-Saar-Ruwer Rieslinge, Mosel-Saar-Ruwer Spätburgunder-Rotwein trocken und Mosel-Saar-Ruwer Grauburgunder trocken.

Wildpastete

Pastetenteig:

250 g Mehl
125 g weiche Butter
1 TL Salz
1 Ei
1-2 EL Wasser
1 Eigelb zum Bestreichen.

Farce:

200 g Rehfleisch
200 g Kalb- und Schweinefleisch
200 g Halsspeck
1TL Pastetengewürz, Salz, Pfeffer, Thymian, Rosmarin
geriebene Schale von einer halben Orange und einer halben Zitrone
50 g Butter
1 Schalotte, fein hacken
1/2 Apfel, in Würfel geschnitten
30 g getrocknete Steinpilze
2 EL Weinbrand
2 EL trockene Optima Beerenauslese
1 EL eines abgelagerten lieblichen Moselweines
1 EL Trester, der am Abend vorher mit Wacholderbeeren angesetzt wurde.
500 ml halbsteif geschlagene Sahne

Einlage:

2 Rehfilets
6-7 Dörrpflaumen
4 EL Pistazien
zum Belegen des Teiges:
10 Scheiben Halsspeck, dünn geschnitten

Gelee:

1/4 l Wildkraftsuppe
1/4 l trockene Optima-Beerenauslese
6 Blatt Gelatine

Für den Pastetenteig das Mehl in eine Rührschüssel geben, die Zutaten zu einem glatten Teig verarbeiten und eine Stunde kühl stellen.
Dann eine Kastenform (Länge: 30 cm) mit Backpapier auslegen und erst den Deckel ausrollen, danach die Kuchenform mit dem Teig auslegen.
Das Fleisch und den Speck in Streifen schneiden. Auf ein Blech legen und mit Pastetengewürz, Salz, Pfeffer, Thymian, Rosmarin

und der Zitronen- und Apfelsinenschale würzen.
Die Schalotte in heißer Butter glasig werden lassen, Apfelwürfel und Steinpilze hinzugeben und kurz andünsten. Dann mit Weinbrand, Weinen und Schnaps ablöschen und kurz einkochen lassen.
Das Ganze über die Fleisch-Speck-Mischung geben, gut vermengen. Für 12 Stunden kalt stellen und gut durchziehen lassen.
Nach 12 Stunden die Fleisch-Speck-Mischung 2 mal durch die feine Scheibe des Fleischwolfes drehen, dann wieder durchkühlen lassen.
Die halbfeste Sahne, die Dörrpflaumen und Pistazien gleichmäßig unter die Farce geben und das Ganze abschmecken.
Die mit dem Teig ausgelegte Form mit Speck auslegen und die Hälfte der Farce hineingeben. Die Farce gut in die Ränder hin eindrücken. In die Mitte werden die Rehfilets gelegt und mit der restlichen Farce bedeckt. Dann den Speck und danach den restlichen Teig darüber klappen. Die Teigränder werden mit Eigelb bestrichen. In den Deckel 2 Öffnungen schneiden. Alufolie zu einem Rohr rollen und in die Löcher stecken.
Die Pastete mit Eigelb bestreichen und im Backofen zunächst ca, 15 Minuten bei 200 °C (Gas Stufe 4, Umluft 180 °C) backen. Dann bei 160 °C (Gas Stufe 3, Umluft 140 °C) in etwa 25 Minuten fertig backen.
Mit Rouladen- oder Stricknadel prüfen, ob sie gar ist. Die Pastete ist gar, wenn kein Fleisch mehr an der Nadel haften bleibt. Dann auskühlen lassen.
Für das Gelee von trockener Optima Beerenauslese die Wildkraftsuppe zusammen mit der Beerenauslese aufkochen und die eingeweichten Gelatineblätter darin auflösen. Kurz vor dem Gelieren das Gelee in die Abzugslöcher füllen, um die Hohlräume, die durch das Backen entstanden sind, auszufüllen.
Die Pastete einen Tag lang ruhen lassen. Sie dann aus der Form stürzen, Backpapier entfernen und vorsichtig in Scheiben schneiden.
Nach Belieben mit Cumberlandsauce oder frischen Preiselbeeren servieren.

Cäcilia Schmitt, Weingut Josef Schmitt, Longuich

Weinempfehlung:
Mosel-Saar-Ruwer Riesling CLASSIC, Mosel-Saar-Ruwer Riesling S; trockene Mosel-Saar-Ruwer Spätburgunder; reife (5-8 Jahre alte) halbtrockene Mosel-Saar-Ruwer Riesling Spätlesen oder Kabinett.

Lachs-Forellen-Terrine

Für 8 Personen:
300 g geräucherter Lachs
300 g geräucherte Forelle
300 g Crème fraîche
Pfeffer
1 EL Zitronensaft
4 Blatt weiße Gelatine
50 g Lachsforellen-Kaviar
Brunnenkresse

Lachs und Forelle enthäuten, entgräten und getrennt pürieren, Crème fraîche mit Pfeffer und Zitronensaft verrühren, Gelatine nach Anweisung auflösen und unter die Crème fraîche rühren. Crème fraîche gleichmäßig auf beide Fischpürees verteilen und unterrühren.
Eine Kastenform mit Butterbrotpapier auslegen. Erst die Lachscreme in die Form füllen und glatt streichen. Einen dicken Streifen Lachsforellen-Kaviar auf die Mitte geben; dann die Forellencreme darauf verteilen und ebenfalls glatt streichen. Terrine mindestens 6 Stunden kühl stellen; Form zum Stürzen kurz in heißes Wasser tauchen, Terrine auf ein Brett stürzen und in dicke Scheiben schneiden.
Terrinenscheiben auf Tellern anrichten und mit Brunnenkresse garnieren.
Dazu Roggentoast mit Butter reichen.

Petra Stoffel, Weingut Alfons Stoffel, Leiwen

Weinempfehlung:
Trockener Mosel-Saar-Ruwer Riesling Kabinett oder ein trockener Mosel-Saar-Ruwer Spätburgunder Weißherbst.

Artischockenböden an Flusskrebsen, Senfsauce und frischen Kräutern

Für 4 Personen:
16-24 lebende Krebse
12-20 Artischockenböden (je nach Größe)
Zitronen- oder Essigwasser
Essig
1 EL Senf
100 g Butter
2 Eigelb
Zitronen
Thymian, Basilikum, Dill, jeweils fein gehackt
1/2 Glas Elbling
Zum Garnieren: Salatblätter, Dill

Die Artischocken abwaschen und zur Reinigung in Zitronen- oder Essigwasser legen. Dann den Stiel vorsichtig nach unten herausbrechen und die Blätter darum herum abschneiden, bis der Boden frei wird. Zwei Drittel des oberen Teiles (Blätter und Heu) ab- und den Boden zurechtschneiden. Den Boden mit Zitronensaft einreiben, damit er sich nicht verfärbt, und in Salzwasser mit etwas Zitronensaft je nach Größe 15 bis 20 Minuten kochen. Die Böden sind gar, wenn man mit der Gabel leicht einstechen kann.
Die Krebse in stark kochendes und gesalzenes Wasser schütten, einen guten Schuss Essig dazugeben und gut umrühren. Die Kochzeit beträgt je nach Größe der Krebse 5 bis 10 Minuten.
Für die Senfsauce Butter, Senf und ein halbes Glas Elbling unter ständigem Rühren kochen. Danach vom Herd nehmen, leicht abkühlen lassen und die frischen Kräuter Thymian, Basilikum und Dill einrühren.
Die Krebsschwänze auspulen, lauwarm auf die lauwarmen Artischockenböden legen, ein grünes Salatblatt dazugeben und dort hinein die Senfsauce füllen. Mit wenig Dill garnieren und sofort lauwarm servieren.

Dr. Baron von Hobe-Gelting, Weingut Schloss Thorn

Weinempfehlung:
Mosel-Saar-Ruwer Riesling halbtrocken bis feinherb (ca. 23 g/l Restzucker) nicht zu alkoholbetont; Riesling S.

Flusskrebse im Aromadampf mit Blattsalat

Für 4 Personen:
200 ml trockener Elbling
4 Knoblauchzehen, geschält
1 Schalotte, geschält und halbiert
4 Rosmarinzweige
2 Thymianzweige
4 Salbeiblätter
2 Estragonzweige
20 Flusskrebs-Schwänze, küchenfertig
600 g Blattsalate, gemischt
20 ml Balsamicoessig
Salz, Pfeffer
30 ml Olivenöl
1 EL alter Balsamicoessig
zum Garnieren:
frische Kräuter

Den Weißwein mit Knoblauch, Schalotten, Rosmarin, Thymian, Salbei und Estragon einmal aufkochen. Die Flusskrebsschwänze in einen zum Topf passenden Dämpfeinsatz legen, mit einem Deckel verschließen, kurz aufkochen lassen, von der Flamme nehmen und ca. 5 Minuten langsam gar ziehen lassen.
Die Blattsalate putzen, waschen und trocken schleudern. Den Balsamicoessig mit Salz verrühren, bis sich das Salz aufgelöst hat. Mit Pfeffer abschmecken und das Olivenöl unter ständigem Rühren einlaufen lassen. Die Blattsalate mit der Vinaigrette mischen und mit dem alten Balsamicoessig beträufeln.
Die Blattsalate auf Teller verteilen, die Flusskrebse darauf anrichten und mit frischen Kräutern dekorativ garnieren.

Walter Curman, Weingut Matthias Dostert, Nittel

Weinempfehlung:
Mosel-Saar-Ruwer Elbling trocken, Rivaner nicht zu aromatisch, Mosel-Saar-Ruwer Riesling trocken mit moderater Säure (Riesling SELECTION, Riesling S).

Mosel-Kräutertorte

Für 8 Stücke:

Teig:

200 g Mehl
Salz
150 g Butter

Belag:

2 Bund frische Kräuter (Thymian, Rosmarin, Salbei, evtl. Lavendel)
2 Bund Petersilie
3 Schalotten
1 Knoblauchzehe
3 EL Butter
250 g Sahne
4 Eier
Salz, Pfeffer
100g Emmentaler oder Morbier oder Comté in dünnen Scheiben

Teigzutaten und 2 Esslöffel kaltes Wasser zu einem glatten Teig kneten. Bei Bedarf etwas Wasser zugeben. Eine Springform mit dem Teig auslegen, dabei einen etwa 3 cm hohen Rand formen. Den Teigboden mehrmals mit einer Gabel einstechen und ca. 1 Stunde kühl stellen.
Kräuter waschen, trocken tupfen und fein hacken. Schalotten und Knoblauchzehe abziehen und hacken. Butter erhitzen, Schalotten, Kräuter und Knoblauch darin bei schwacher Hitze unter häufigem Rühren dünsten, bis die Schalotten weich sind. Die Kräutermischung in eine Schüssel geben und abkühlen lassen. Den Teigboden in den kalten Backofen (mittlere Schiene) stellen und bei 220 °C (Gas Stufe 5, Umluft 200 °C) 15 Minuten vorbacken.
Sahne mit den Eiern verquirlen, mit Salz und Pfeffer würzen. Den Tortenboden herausnehmen, mit den Käsescheiben belegen, dann die Kräutermischung darauf verteilen. Die Eiersahne darüber gießen. Torte wieder in den Backofen stellen, und bei 180 °C (Gas Stufe 3, Umluft 160 °C) in weiteren 15-20 Minuten fertig backen.

Helga Gietzen, Winzerhof Gietzen, Hatzenport

Weinempfehlung:
Mosel-Saar-Ruwer Riesling Kabinett oder Spätlese halbtrocken.

Ein traditionelles Gericht der Mosel-Küche und ein Lieblingsgericht für viele sind die mit kräftig gewürztem Hackfleisch gefüllten Kartoffeln, hier dekoriert mit Rosmarin und dem beim Aushöhlen gewonnenen Bratkartoffelkugeln.

Moselländische gefüllte Kartoffeln

Für 4 Personen:
1 kg mittelgroße Kartoffeln, festkochend
250 g gemischtes Hackfleisch
1 Ei
1 Bund gemischte Kräuter
1 Zwiebel
Salz, Pfeffer
Öl zum Braten
Wein zum Angießen

Die Kartoffeln schälen und mit einem Aushöhler möglichst flach aushöhlen. Die dabei entstehenden Kartoffelkugeln kann man separat wie Bratkartoffeln braten.
Das Hackfleisch kräftig würzen und mit dem Ei, den klein gehackten Kräutern und der in feine Würfel geschnittenen Zwiebel mischen. Die Kartoffeln mit dieser Mischung füllen. In einer flachen großen Pfanne brät man die Kartoffeln kräftig an (Öffnung mit Hackfleisch immer nach oben), gießt etwas Wein an und lässt sie dann auf kleiner Flamme ca. 30 bis 40 Minuten garen. Ganz zum Schluss werden sie knusprig gebraten.
Pro Person rechnet man je nach Größe mit 4 bis 5 Kartoffeln. Dazu reicht man grünen Blattsalat oder auch Apfelkompott.

Ingrid Lehnert, Weingut Lehnert-Veit, Piesport

Variante:
Frau Boch hat ebenfalls ein Rezept für gefüllte Kartoffeln geschickt: Sie nimmt 1 eingeweichtes, ausgedrücktes Brötchen in die Füllung, die doppelte Menge Hackfleisch und lässt die Kartoffeln in etwas Wein und Wasser im geschlossenen Topf garen. Als Beilage zählt sie außerdem noch Kräuterquark auf.

Anne Boch vom Weingut Heribert Boch, Trittenheim

Weinempfehlung:
Alle Mosel-Saar-Ruwer Rieslinge von trocken bis feinherb; kräftige Mosel-Saar-Ruwer Grauburgunder.

Beschwipste Schnitzel

Für 4 Personen:
4 Schweineschnitzel
500 g frische Champignons
1/2 l halbtrockener Riesling
150 ml Crème fraîche
1 Zwiebel
Öl zum Anbraten
zum Garnieren:
Frühlingszwiebeln, Petersilie und Zitrone

Die Zubereitung beschreibt Frau Dahm so witzig, dass wir sie hier wörtlich zitieren möchten:
„Man nehme die noch nüchternen Schweineschnitzel und brate sie von beiden Seiten in gewohnter Weise in etwas Öl gut an und stelle sie warm. Während die Schnitzel in wohliger Wärme ihrer Trunkenheit harren, werden die Champignons und die Zwiebel in einer Pfanne gedünstet und anschließend mit dem Riesling übergossen. Sollten Sie nun leise weinselige Gesänge aus Ihrer Pfanne vernehmen, lassen Sie sich nicht beirren und kochen Sie die fröhlichen Zecher kurz auf, aber ohne dass sich der Alkohol in alle vier Himmelsrichtungen verflüchtigt. Die Crème fraîche zugeben und die ganze Gesellschaft mit Salz und Pfeffer abschmecken. Nun endlich dürfen auch die vier Schnitzel an der fröhlichen Runde teilnehmen und 5 Minuten darin ziehen, bis sie derart beschwipst sind, dass man sie mit Frühlingszwiebeln, Petersilie und Zitrone garnieren und mit Brot servieren kann."

Maria Dahm, Weingut Herbert Dahm, Pünderich

Weinempfehlung:
Mosel-Saar-Ruwer Riesling trocken oder halbtrocken; Riesling S; nicht zu überladene Mosel-Saar-Ruwer Spätburgunder Rotweine trocken.

Ein pfiffiges Rezept, das sich gut vorbereiten lässt:

Wein-Schnitzel auf dem Blech

Für 6 Personen:
3 Schweineschnitzel
3 große Zwiebeln
500 g Champignons
1/4 l Weißwein
2 EL gekörnte Brühe
3 EL Paniermehl
300 g geriebener Käse
1/4 l Sahne

Die Schnitzel salzen, pfeffern, in Mehl wenden und nebeneinander auf ein Backblech legen. Die Zwiebeln in Ringe schneiden, auf den Schnitzeln verteilen, ebenso die geputzten und in Scheiben geschnittenen Champignons. Die gekörnte Brühe mit dem Weißwein verrühren und über die Schnitzel gießen; das Paniermehl, den geriebenen Käse und die leicht angeschlagene Sahne auf dem Blech verteilen. Die Wein-Schnitzel 1 Stunde bei 180 °C (Gas Stufe 3, Umluft 160 °C) überbacken und mit Reis und gemischtem Salat servieren.

Jutta Bernard, Weingut Josef Bernard-Kieren, Graach

Weinempfehlung:
Mosel-Saar-Ruwer Riesling trocken oder halbtrocken; Riesling S; nicht zu überladene Mosel-Saar-Ruwer Spätburgunder Rotweine trocken.

Moselbrücke bei Trittenheim.

Gefüllte Kartoffelklösse mit Pfifferlingssauce

Für 4 Personen:
1 kg Kartoffeln
1–2 Eier
Salz, Petersilie, Muskatnuss
300 g gemischtes Hackfleisch
1/2 Stange Lauch
1 Zwiebel
500 g frische Pfifferlinge
1 EL Butter
Gemüsebrühe
Salz, Pfeffer
200 g Sahne

2/3 der Kartoffeln reiben und mit Kraft auspressen. Den Saft auffangen und warten, bis sich die Stärke absetzt. Das Wasser vorsichtig abgießen und die Stärke zu den ausgepressten Kartoffeln geben. Die restlichen Kartoffeln grob zerkleinern, gar kochen, abgießen und anschließend zu Brei stampfen. Diesen Brei nun kochendheiß über die rohe Kartoffelmasse geben. Mit den Eiern, Salz, Petersilie und Muskatnuss abschmecken und gut verrühren.
Für die Füllung Lauch und Zwiebeln klein schneiden und waschen. Das gemischte Hackfleisch wird mit dem Lauch, Zwiebeln und etwas Butter in einer Pfanne gedünstet. Danach abkühlen lassen und je einen Esslöffel in jeden Kloß einfüllen. Die Klöße in sprudelndes Salzwasser geben und bei schwacher Hitze ca. 20 Minuten gar ziehen lassen.
Für die Pfifferlingssauce die Pfifferlinge waschen und klein schneiden, in Butter mit der fein gehackten Zwiebel andünsten, mit Gemüsebrühe ablöschen und ca. 10 Minuten einköcheln lassen. Zum Schluss die Sahne dazugeben und mit Salz und Pfeffer abschmecken.

Elfriede Lorenz, Weingut Lorenz, Konz-Oberemmel

Weinempfehlung:
Mosel-Saar-Ruwer Rivaner trocken; Mosel-Saar-Ruwer Elbling trocken; Mosel-Saar-Ruwer Weißburgunder QbA trocken.

Traditionell wird beim Schnapsbrennen Fleisch im Brennkessel in der Obstmaische mitgegart. Um diesen geschmacklichen Effekt nachzuahmen, wird bei diesem Rezept das Fleisch zusammen mit Obst und Schnaps gegart.

Kasseler und Schweinebauch nach Schnapsbrenner Art mit Kappesmängsel

Für 6 Personen:
1,5 kg Kasseler Kotelette und magerer, geräucherter Schweinebauch
500 g Suppengemüse (in groben Stücken)
3 Knoblauchzehen, 2 Zwiebeln, geviertelt
6 Lorbeerblätter, 6 Nelken, je 10 Körner Piment und Pfeffer
1 Messerspitze geriebene Muskatnuss, Thymian und Rosmarin
1/2 l trockener Riesling, 5 cl Mirabellenbrand o. ä.
einige getrocknete Aprikosen oder Apfelringe

Kappesmängsel:
1 kg Weinsauerkraut (frisch oder aus der Dose)
1/2 EL Zucker
0,2 l trockener Riesling
1 kleine Zwiebel, gewürfelt, 3 Lorbeerblätter
Salz, Pfeffer, Muskatnuss
1 kg Kartoffeln
1/4 l Wasser
200 g Sahne
20 g Butter, 20 g Kräuterbutter

Das Fleisch mit den übrigen Zutaten im geschlossenen Bräter im Backofen bei 200 °C (Gas Stufe 4, Umluft 180 °C) garen. Nach 1 Stunde das Fleisch umdrehen und auf 180 °C (Gas Stufe 3, Umluft 160 °C) herunterschalten, nach einer weiteren Stunde auf 140 °C (Gas Stufe 2, Umluft 120 °C) einstellen und 30 Minu-ten ziehen lassen. Das Fleisch aufschneiden und die Sauce mit dem Gemüse pürieren. - Für den Kappesmängsel die Kartoffeln weich kochen. Inzwischen die Zwiebel kurz anbraten, mit dem Wein ablöschen und darin das Sauerkraut mit den Gewürzen garen. Die gekochten Kartoffeln mit der Sahne und der Butter zerstampfen. Das gegarte Sauerkraut unterheben, mit Salz, Pfeffer und Muskat abschmecken und zu dem Fleisch servieren.

Hilde Clüsserath, Weingut Helmut Clüsserath-Weiler, Trittenheim

Weinempfehlung:
Schwierig: Harmonie zwischen Brand („Schnaps") und passendem Wein? Mit einem trockenen Mosel-Saar-Ruwer Riesling (Riesling SELECTION) ist man auf der sicheren Seite.

Hexenpfanne

Für 4 Personen:
1 kg Pellkartoffeln
150 g durchwachsener Speck
400 g Blattspinat
4 große, reife Tomaten
3/4 l Sahne
1/8 l Riesling
Gewürzmischung aus gemahlenen Senfkörnern, Muskatnuss, Curry, Paprika und Piment
12 Schweinemedaillons, ca. 2 cm dick
Parmesankäse
1 Knoblauchzehe
Butter oder Öl zum Anbraten
4 feuerfeste Auflaufformen

Den durchwachsenen Speck auslassen. Die in dünne Scheiben geschnittenen Pellkartoffeln leicht darin ausbacken, salzen und pfeffern. Den Spinat mit Knoblauch, Salz und Pfeffer 10 Minuten dämpfen.
Butter oder Öl in einer Pfanne erhitzen, Medaillons von beiden Seiten anbraten, den Wein dazu geben. Mit der Gewürzmischung großzügig (ca. 3 flache Esslöffel) würzen. Nochmals wenden und die Sahne zufügen. Das Ganze ca. 3 bis 4 Minuten köcheln lassen.
Die 4 Auflaufformen mit der Speck-Kartoffelmischung auslegen und den Blattspinat etwas zerpflückt darauf legen. Dann die in Scheiben geschnittenen Tomaten darüber geben und die Medaillons auf die Tomaten verteilen. Die Sahnesauce wird vom Rand her angegossen. Mit geriebenem Parmesankäse bestreuen und im Ofen 10 bis 15 Minuten bei 180 °C (Gas Stufe 3, Umluft 160 °C) backen.

Jutta Bastian, Weingut Dirk Bastian, Winningen

Weinempfehlung:
Mosel-Saar-Ruwer Riesling trocken bis feinherb; Mosel-Saar-Ruwer Riesling CLASSIC, Mosel-Saar-Ruwer Riesling SELECTION; Riesling S

Nicht nur der Name Winzerpfanne, sondern auch der Weißwein und die weißen Trauben an der Sauce lassen keinen Zweifel daran, dass dieses Rezept aus einem Weingut stammt!

Winzerpfanne mit frischen Champignons und grünen Trauben in Rieslingrahmsauce

Für 4 Personen:
1 Schweinefilet
1 EL Öl
Salz, Pfeffer
500 g frische Champignons
1 EL Zwiebelwürfel
2 EL grüne halbierte Trauben
1/4 l trockener Weißwein
200 ml Sahne
Salz, Pfeffer, Steakgewürz

Das Schweinefilet in Streifen schneiden, im heißen Öl anbraten und gut mit Salz und Pfeffer würzen. Die Champignons putzen, in Scheiben schneiden und mit den Zwiebelwürfeln und den Trauben in einer Pfanne andünsten, mit dem Weißwein ablöschen. Sahne, Salz, Pfeffer und Steakgewürz dazugeben und einköcheln lassen. Die Sauce noch einmal abschmecken und über das Fleisch geben. Dazu passen Salate der Saison und Kroketten.

Ellen Knaup, Weingut Knaup, Treis Karden

Weinempfehlung:
Riesling S; Mosel-Saar-Ruwer Riesling CLASSIC; zart-fruchtige trockene Mosel-Saar-Ruwer Riesling Spätlese.

Sekthühnchen mit schwarzen Traubennudeln

Für 4 Personen:
800–1000 g gegartes Huhn ohne Knochen
2 EL Butter
3 EL Mehl
150 ml Brühe
150 ml trockener Mosel-Riesling-Sekt
250 g schwarze Traubennudeln (erhältlich in Feinkostgeschäften, ersatzweise grüne Bandnudeln)
2 große Möhren
1 EL kaltgepresstes Traubenkernöl
1 EL Zitronensaft
1 Prise Salz
1 Prise Zucker
1 EL gehackte Basilikumblättchen
1 EL Sonnenblumenkerne

Das Hühnerfleisch in kleine Stücke schneiden. Butter im Topf zerlassen und mit dem Mehl eine Mehlschwitze zubereiten. Die Brühe unter ständigem Rühren dazugeben, Sekt hinzufügen, nicht mehr kochen lassen. Die Hühnchenteile dazugeben und in der Sauce ziehen lassen. Die Nudeln in reichlich Salzwasser 5 bis 10 Minuten kochen, abgießen und abschrecken.
Für den Salat die geschälten Möhren fein raspeln und mit Traubenkernöl, Zitronensaft, Salz, Zucker und den Basilikumblättchen vermischen. Die Sonnenblumenkerne in der Pfanne anrösten und darüber streuen.

Heidi Spang, Weinhaus St. Joseph, Piesport

Weinempfehlung:
Mosel-Saar-Ruwer Riesling Sekt trocken als durchgehender Essensbegleiter? Neue Wege gehen!

Kann wunderbar vorbereitet werden, denn das Fleisch soll mit der Sauce einen Tag lang durchziehen:

Überbackene Pute mit Spargel und Champignons

Für 4 Personen:
600g frisches Putenfleisch vom Geflügelhof
Butterschmalz
Salz, Pfeffer, Muskat
200 g Sahne-Schmelzkäse
250 ml Schlagsahne
1 große Zwiebel
250 g frische Champignons
400 g Spargel

Das Putenfleisch in Streifen schneiden und in einer Pfanne in Butterschmalz rundum goldbraun anbraten, leicht salzen und pfeffern. Die Sahne zugeben und den Käse darin schmelzen lassen; das Fleisch und die Sauce in eine Auflaufform mit Deckel geben; bis zum nächsten Tag im Kühlschrank durchziehen lassen.
Den Spargel schälen, in Stücke schneiden und in Salzwasser ca. 10 Minuten kochen, die Champignons putzen und klein schneiden, die Zwiebel würfeln. Dann zunächst die Zwiebel in einer Pfanne goldbraun andünsten, Champignons und Spargel dazugeben und leicht mit Salz und Muskat würzen.
Die Gemüse unter die Putenstücke heben, eventuell noch etwas Sahne zufügen und das Ganze im Ofen ca. 1 Stunde bei 180 °C (Gas Stufe 3, Umluft 160 °C) backen. - Als Beilage selbst gemachte Nudeln oder Reis reichen.

Christa Jüngling, Weingut Paulinshof, Kesten

Weinempfehlung:
Mosel-Saar-Ruwer Riesling halbtrocken, nicht zu alkoholbetont; Mosel-Saar-Ruwer Rivaner trocken.

Riesling-Huhn mit „halbwildem" Butterreis

Für 4 Personen:
2 Tomaten
2 Zwiebeln
2 Knoblauchzehen
200 g Morcheln
1 Poularde
2 EL Öl
1 Lorbeerblatt
Salz, Pfeffer
Estragon, Thymian, Petersilie, fein gehackt
500 ml Weißwein
150 g Crème fraîche
5 cl Sherry
je 125 g Wildreis und Langkornreis
Butter

Tomaten und Zwiebeln schälen und würfeln. Knoblauch zerdrücken. Morcheln einweichen. Poularde in Stücke schneiden, salzen, pfeffern, in Öl knusprig anbraten, Morcheln (ohne Einweichwasser) und Gemüse kurz mitrösten, Wein angießen. Kräuter, Gewürze und Knoblauch zugeben. Im Ofen 40 Minuten bei 180 °C (Gas Stufe 3, Umluft 160 °C) garen, mehrmals mit Wein begießen.
Das Fleisch herausnehmen, warm stellen. Die Sauce mit Crème fraîche verfeinern, mit Sherry, Salz und Pfeffer abschmecken. Das Geflügel wieder in die Sauce geben und servieren.
Den Reis kochen und in Butter schwenken. Dazu passt gut Feldsalat mit einer milden Knoblauchsauce.

Bernàrd Ibald, Brunnenhof, Hatzenport

Weinempfehlung:
Mosel-Saar-Ruwer Riesling Kabinett halbtrocken oder Rivaner CLASSIC.

Geschmorte Gänsebrust mit Trauben

Für 4 Personen:
700 g Gänsebrust
Thymian, Salz, Pfeffer
1 TL Rapsöl
1/4 l Geflügelfond
1/4 l Riesling
250 g kleine, kernlose Weintrauben
1-2 EL heller Saucenbinder
1 EL Crème fraîche

Die Haut von der Gänsebrust ablösen und ausgebreitet einfrieren. Gänsebrust abspülen, trocken tupfen und mit Thymianblättchen, Salz und Pfeffer einreiben. In heißem Rapsöl von beiden Seiten anbraten. Geflügelfond und Riesling zugeben und die Brust abgedeckt bei kleiner Hitze etwa eine Stunde schmoren lassen. Weintrauben von den Stielen zupfen, abspülen und zum Fleisch geben, etwa fünf Minuten weiterschmoren. Das Fleisch herausnehmen, in Scheiben schneiden und warm stellen. Die Sauce entfetten (das Fett mit einer Schöpfkelle abnehmen). Mit hellem Saucenbinder binden und mit Salz, Pfeffer und Zucker abschmecken. Zum Schluss die Crème fraîche unterrühren. Die gefrorene Gänsehaut fein würfeln, in einer Pfanne knusprig ausbraten und über das Fleisch geben, die Sauce dazu servieren

Barbara Wünsch-Schirmer, Weingut Schenk-Oster, Waldrach

Weinempfehlung:
Mosel-Saar-Ruwer Riesling Spätlese halbtrocken, nicht zu alkoholbetont; gerne auch 2-3 Jahre alt.

Entenleber mit karamellisierten Äpfeln

Für 4 Personen:
500-700 g Entenleber
Salz, Pfeffer
4 Äpfel
Zucker
Calvados

Sauce:

Zucker
2 EL Apfelweinessig
200 ml Weißwein
Salz, Pfeffer
200 ml Fleischbrühe
Honig
Butter

Die Entenleber wird in1 cm dicke Scheiben geschnitten, gesalzen, gepfeffert und in einer Pfanne von jeder Seite in etwas Butter 1 Minute angebraten; warm stellen.
In einer anderen Pfanne lässt man ein Stück Butter schmelzen, gibt die geschälten und geviertelten Äpfel dazu, bestreut sie mit Zucker und dämpft sie; anschließend werden sie mit Calvados flambiert.
Für die Sauce wird der Zucker mit etwas Wasser karamellisiert und mit Apfelweinessig abgelöscht. Man lässt die Sauce etwas einkochen, gibt den Weißwein dazu und lässt wieder einkochen, gibt den Fleischfond sowie den Honig dazu und lässt nochmals einkochen; mit etwas Butter verfeinern und mit Salz und Pfeffer abschmecken.
Leber und Äpfel auf einem Teller anrichten, die Sauce angießen und servieren.

Charles Keff, Cave et Auberge de la Klauss, Montenach (Lothringen)

Weinempfehlung:
Mosel-Saar-Ruwer Riesling CLASSIC oder SELECTION, ruhig etwas alkoholbetont.

Rindfleisch mit Remouladensauce

Für 6 Personen:
1,2 kg Mittelbug vom Rind
Wasser, Wein
2 halbierte Zwiebeln
1/2 Knollensellerie
2 Möhren
1/2 Lauchstange
2 Knoblauchzehen
Nelken, Piment, Lorbeerblätter

Für die Remouladensauce:

200 g Schmand
200 g Sauerrahm
1/2 TL mittelscharfer Senf
1/2 TL Zucker
2 EL Weinessig
1 Zwiebel
1-2 Knoblauchzehen
1 Hand voll gemischte Kräuter (Petersilie, Schnittlauch, Liebstökkel, Kerbel)
2 hartgekochte Eier
Pfeffer, Salz

Das Fleisch mit Wasser und Wein bedeckt erhitzen und den sich bildenden Schaum abschöpfen. Gemüse und Gewürze zufügen und bei kleiner Hitze 2 1/2 bis 3 Stunden simmern lassen.
Für die Remouladensauce Schmand, Sauerrahm, Senf, Zucker und Essig verrühren. Kräuter, Zwiebel und Eier fein hacken und den durchgepressten Knoblauch zufügen. Mit Salz und Pfeffer abschmecken.
Dazu empfiehlt sich bunter Blattsalat und kräftiges Bauernbrot.

Hilde Clüsserath, Weingut Helmut Clüsserath-Weiler, Trittenheim

Weinempfehlung:
Mosel-Saar-Ruwer Riesling QbA halbtrocken, Mosel-Saar-Ruwer Riesling CLASSIC; Mosel-Saar-Ruwer Rivaner trocken; Mosel-Saar-Ruwer Riesling Spätlese trocken.

„Schrotteln waren früher ein Arme-Leute-Essen. Heute reichen wir dazu gekochtes Rindfleisch und Senfsauce," schreibt Frau Knaup zu diesem Rezept.

Schrotteln

Für 4 Personen:
800 g Kartoffeln
100 g Speck, Butterschmalz
1 große Zwiebel
1 EL Mehl
200-300 ml Fleischbrühe
Lorbeerblatt, Salz, Pfeffer, Zucker, Essig

Die Kartoffeln mit Schale kochen, pellen und in Scheiben schneiden (etwas dicker als beim Kartoffelsalat); die Kartoffelscheiben warm stellen.
Speck und Zwiebeln mit etwas Butterschmalz goldgelb andünsten, Mehl darüberstäuben; dann die Fleischbrühe zugeben und das Lorbeerblatt; mit Essig, Salz, Pfeffer und Zucker abschmecken. Die Sauce soll leicht sämig sein und einen süßsauren Geschmack haben. Dann die warm gestellten Kartoffeln unterheben und gut durchziehen lassen.

Dazu gibt es gekochtes Rindfleisch mit Senfsauce: 1 kg Rindfleisch kochen (falsches Filet oder Jungbullen Brust).
Für die Senfsauce zwei Eigelb sauber vom Eiweiß trennen, das Eiweiß in eine Tasse geben, in kochendes Wasser gleiten und stocken lassen; dann in kleine Würfel schneiden und abkühlen lassen. Eigelb mit dem Schneebesen verrühren und 1/2 l Speiseöl langsam dazugeben, am Anfang tropfenweise. Unter ständigem Rühren eine Mayonnaise herstellen. Salz, Pfeffer zugeben, dann Senf nach Geschmack. 4-5 Essiggurken in kleine Würfel schneiden und dazugeben; eventuell noch etwas von dem Gurkensud. Zum Schluss das abgekühlte und klein geschnittene Eiweiß dazugeben, etwas durchziehen lassen und noch einmal abschmecken. 1 Scheibe Rindfleisch (warm) auf einen Teller legen, die Senfsauce darübergießen und dazu dann die Schrotteln servieren.

Ellen Knaup, Weingut Knaup, Treis-Karden

Weinempfehlung:
Mosel-Saar-Ruwer Riesling Kabinett trocken oder halbtrocken.

Rindfleischgeschnetzeltes in Spätburgundergemüse

Für 10-12 Personen:
2,5 kg Rindfleisch
1 kg gewürfelter, geräucherter Schweinebauch
2 große Dosen geschälte Tomaten oder ca. 1,2 kg geschälte Tomaten
500-750 g Zwiebeln
5 Knoblauchzehen
1 kg Möhren
2 Zweige Rosmarin, 2-3 Zweige Thymian
Pfeffer, Salz, gekörnte Brühe
Fett zum Braten
1 Tube Tomatenmark
Petersilie, Estragon, Liebstöckel, Majoran, fein gehackt
1/2 Flasche Spätburgunder

Das Rindfleisch in kleine Würfel (ca. 2,5 bis 3 cm) schneiden und den gerauchten Schweinebauch würfeln. Das Fleisch portionsweise anbraten und in einem großen Topf mit reichlich Pfeffer, Salz, dem Thymian und dem Rosmarin garen; evtl. etwas Wasser hinzufügen.
In einem zweiten Topf die geschälten, in ca. 2-3 cm großen Stücke geschnittenen Möhren anschwitzen. Wenn diese bissfest sind, die grob gewürfelten Zwiebelstücke und den fein gewürfelten Knoblauch hinzugeben. Die klein geschnittenen Tomaten zufügen. Den Inhalt der beiden Töpfe mischen und mit Tomatenmark und gekörnter Brühe verrühren.
Thymian- und Rosmarinzweige entfernen, die fein gehackten Kräuter hinzufügen und mit Spätburgunder abschmecken.
Dazu isst man Weißbrot.

Birgit Goeres, Weingut Heinrich Busch, Pünderich

Weinempfehlung:
Mosel-Saar-Ruwer Spätburgunder QbA trocken (klassisch ausgebaut).

Hier werden Fleisch und Kartoffeln gemeinsam und deshalb fast von alleine gar:

Winzerbraten

Für 4 Personen:
500 g Rindfleisch (z.B. Hüftsteak) in dicken Scheiben
Öl
Salz, Pfeffer, Paprika
100 g durchwachsener Speck in Würfeln
2 Zwiebeln in Würfeln
150 ml Crème fraîche
0,2 l trockener Weißwein
geschälte rohe große Kartoffelwürfel für 4 Personen
Sojasauce

Fleisch von beiden Seiten anbraten, mit Salz, Pfeffer und Paprika würzen und aus der Pfanne nehmen. Den Speck und die Zwiebeln ebenfalls anbraten; mit Crème fraîche und Weißwein ablöschen und mit Sojasauce abschmecken.
Das gebratene Fleisch in die Mitte eines großen Bräters legen und mit den Kartoffeln umlegen. Die Sauce über Kartoffeln und Fleisch gießen und 2 Stunden zugedeckt bei 200 °C (Gas Stufe 4, Umluft 180 °C) im Backofen garen. - Dazu passt ein frischer Salat der Saison.

Waltraud Schardt, Weingut Amlinger-Erben, Bullay

Weinempfehlung:
Mosel-Saar-Ruwer Riesling SELECTION oder eine fruchtige, „dicke" Mosel-Saar-Ruwer Riesling Auslese.

Vier Tage lang liegt dieser Rotweinbraten in der Marinade:

Rotweinbraten mit Sauerkirschen und Spätzle

1,5 kg Rinderbraten
ca. 1 Flasche Rotwein
3-4 Lorbeerblätter
1 TL Nelken
5-10 Salbeiblätter
4 EL Öl
4-6 EL Zuckerrübensirup
1 Glas Sauerkirschen
150 ml Crème fraîche

Für die Spätzle:

300 g Mehl
3 Eier
1/2 TL Salz
1/8 l Wasser

Rotwein mit Lorbeerblättern, Nelken und Salbei verrühren und das Rindfleisch in diesem Sud 4 Tage marinieren; das Fleisch muss von dem Wein bedeckt sein. Danach das Fleisch aus dem Sud nehmen, trocken tupfen und in dem Öl knusprig braun anbraten. Den Braten mit Zuckerrübensirup einstreichen, mit etwa der Hälfte der durchsiebten Marinade ablöschen und in dem auf 200 °C (Gas Stufe 4, Umluft 180 °C) vorgeheizten Backofen, den man jetzt auf 130 °C (Gas Stufe 1, Umluft 120 °C) herunterstellt, in 90 Minuten fertig garen. Den Bratensaft mit dem Sauerkirschsaft auffüllen und mit etwas Crème fraîche andicken. Sauerkirschen zugeben und leicht in der Sauce ziehen lassen.
Für die Spätzle Mehl, Eier, Salz und Wasser verkneten, quellen lassen und anschließend in reichlich Salzwasser schaben oder pressen.
Die fertigen Spätzle mit dem in Scheiben geschnittenen Braten auf den Teller legen und mit der Kirschsauce anrichten.

Jutta Morbach, Weinhof Michael Morbach, Zeltingen-Rachtig

Weinempfehlung:
Mosel-Saar-Ruwer Spätburgunder Rotwein trocken, höchstens mit einem Hauch Barrique.

Kalbfleisch-Schwarzwurzel-Auflauf

Für 4 Personen:
500 g Kalbfleisch
200 ml Kalbsfond
50 g Butterschmalz, ca. 40 g Butter
500 g Schwarzwurzeln
Essigwasser
250 g Champignons
20 g Mehl
Salz, Pfeffer, Paprika
3 Eigelb
1/4 l Sahne
Bund Petersilie
Salz, Pfeffer

Das Kalbfleisch in Würfel schneiden. 50 g Butterschmalz in einem Topf erhitzen und das Fleisch darin 5 Minuten anbraten; mit dem Kalbsfond ablöschen; das Fleisch zugedeckt 30 Minuten schmoren lassen. Die Schwarzwurzeln unter kaltem Wasser abbürsten, schaben oder mit dem Sparschäler schälen und in eine Schüssel mit Essigwasser legen; die Wurzeln in 3 cm große Stücke schneiden und anschließend in Salzwasser 20 Minuten kochen. Die Champignons putzen, waschen und in Scheiben schneiden, die Petersilie waschen und hacken. Champignons und Petersilie zum Kalbfleisch geben und 10 Minuten schmoren lassen; mit Salz und Pfeffer würzen.
1/4 l Fleischfond für die Sauce abnehmen. Die Schwarzwurzeln abtropfen lassen. Eine feuerfeste Form mit Butter einfetten und abwechselnd Fleisch und Schwarzwurzeln hineinschichten.
30 g Butter in einem Topf erhitzen; das Mehl hinzugeben und 3 Minuten durchschwitzen lassen; Fleischfond eingießen und durchkochen lassen; mit Salz, Pfeffer und Paprika abschmekken.
Die Eigelb in einer Schüssel mit etwas Sauce verquirlen und unter Rühren in die Sauce geben. Die Sahne halb steif schlagen, ebenfalls unter die Sauce rühren und das Ganze über den Auflauf gießen
Im Backofen (mittlere Schiene) bei 200 °C (Gas Stufe 4, Umluft 180 °C) 20 Minuten backen.

Bernàrd Ibald, Brunnenhof, Hatzenport

Weinempfehlung:
Mosel-Saar-Ruwer Weißburgunder oder Chardonnay trocken, Mosel-Saar-Ruwer Riesling CLASSIC.

Sehr originelles Gericht mit mediterranem Einschlag:

Lammkoteletts in Kräuterpanade mit Bohnen-Kartoffel-Ragout

Für 4 Personen:
12 Lammkoteletts, küchenfertig
5 Scheiben Toastbrot
1 EL schwarze Oliven, fein gehackt
2 EL Kräuter der Saison, fein gehackt
150 ml Olivenöl
Salz, Pfeffer

Bohnen-Kartoffel-Ragout:

500 g Kartoffeln, geschält
30 ml Olivenöl
2 Schalotten, in Streifen geschnitten
3 Knoblauchzehen, fein gewürfelt
5 getrocknete Tomatenfilets
150 ml trockener Elbling,100 ml Sahne
200 g feine grüne Bohnen, 150 g Kidney-Bohnen (aus der Dose)
1 EL Rosmarin, gehackt
2 EL geschlagene Sahne
Kerbel

Die Lammkoteletts mit Pfeffer würzen. Das Toastbrot entrinden, fein reiben und mit den Oliven und den frischen Kräutern gut verrühren. Die Koteletts in den Bröseln wälzen, gut andrücken und in heißem Olivenöl goldbraun backen. Auf Küchenkrepp abtropfen lassen und mit Salz würzen.
Für das Bohnen-Kartoffel-Ragout die Kartoffeln in ca. 1 cm große Würfel schneiden. Das Olivenöl erhitzen, die Kartoffeln darin goldbraun anbraten. Schalotten und Knoblauch beigeben und kurz mitbraten lassen. Die getrockneten Tomaten fein würfeln und ebenfalls zu den Kartoffeln geben. Mit Weißwein ablöschen und einkochen lassen. Mit Salz und Pfeffer würzen, mit der Sahne aufgießen und einmal aufkochen lassen. Die grünen Bohnen putzen, halbieren und in kochendem Salzwasser blanchieren. Mit den abgegossenen Kidney-Bohnen zu den Kartoffeln geben. Einmal kurz aufkochen lassen, mit Salz, Pfeffer und Rosmarin abschmecken und die geschlagene Sahne unterheben.
Das Bohnen-Kartoffel-Ragout auf Teller verteilen, die Koteletts darauf anrichten und mit frischem Kerbel garnieren.

Walter Curman, Weingut Matthias Dostert, Nittel

Weinempfehlung:
Da muss ein Elbling seine (Alkohol-) Muskeln spielen lassen - oder dem Mosel-Saar-Ruwer Riesling SELECTION oder dem Riesling S den Vortritt lassen.

Ein Festessen im Frühling, das jede Mühe lohnt:

Maibockrücken mit Walnusskruste und Spargel

Für 4 Personen:
ca. 600 g Maibockrücken ohne Knochen und sauber geputzt
Salz, Pfeffer
150 g Walnüsse, grob gehackt
2 EL Hartweizengrieß
50 g Butter, etwas Butterschmalz
2 EL Waldhonig
2 TL Balsamicoessig

Für den Spargel mit Kräutersahne:
500 g Spargel
40 g Butter
Salz, Pfeffer
2 EL frisch gehackte Petersilie, 1 EL Schnittlauch
100 ml milder Riesling
250 ml Schlagsahne
evtl. 1 Prise Zucker, etwas gerösteter Sesam

Für die Safrankartoffeln:
ca. 16 kleine neue Kartoffeln
Salz, schwarze Pfefferkörner
50 g Butter
1 Tütchen Safranfäden (ca. 4 Gramm)
1 EL Waldhonig
Pfeffer aus der Mühle

Die Walnüsse in einer Pfanne ohne Öl anrösten; sobald sie etwas Farbe angenommen haben, Butter, Honig, Grieß, Essig und Gewürze hinzugeben und vom Herd nehmen. Zu einer geschmeidigen Masse verrühren und abkühlen lassen. Tipp: Die Walnusskruste lässt sich auch sehr gut vorbereiten und abgedeckt im Kühlschrank für 1-2 Wochen aufbewahren.
Die neuen Kartoffeln mit Salz und gestoßenen Pfefferkörnern langsam zum Kochen bringen. Immer wieder mit einer Nadel oder einem Messer kontrollieren, ob sie schon gar sind. In ein Sieb geben, kurz abschrecken und pellen. Dabei darauf achten, dass die Kartoffeln schön rund bleiben. Den Spargel in gleichmäßige Stückchen schneiden.
Für den Maibock etwas Butterschmalz in einer Pfanne erhitzen, das Fleisch hinein geben und kurz von allen Seiten scharf anbraten. Dann aus der Pfanne nehmen und auf Küchenkrepp abtropfen lassen, mit Salz und Pfeffer würzen und die Walnusskruste darauf verteilen.
Das Fleisch auf der mittleren Schiene in den Backofen schie-

ben; darauf achten, dass das Fleisch nicht zu hoch im Ofen platziert ist, dann übergrillen.
In der Zwischenzeit in 2 Pfannen Butter erhitzen. In die eine Pfanne die gekochten neuen Kartoffeln geben und langsam braten lassen. In die andere Pfanne die Spargelstückchen geben und kurz anschwitzen. Mit Salz und Pfeffer würzen, mit Riesling ablöschen und etwas einkochen lassen. Dann mit der Sahne auffüllen und langsam reduzieren lassen. Zum Schluss die Kräuter und den Sesam beigeben und mit Zucker evtl. etwas abschmecken.
Die Kartoffeln würzen, die Safranfäden in die Butter geben und langsam mitbraten. Zum Abrunden noch den Honig beigeben und die Kartoffeln gut darin wenden.
Nun sollte auch die Walnusskruste eine schöne Farbe bekommen haben, der Maibock innen aber schön rosa sein.
Zum Anrichten das Fleisch in schöne Tranchen schneiden. Zwei Kartöffelchen auf den Teller geben, etwas vom Spargel mit Kräutersahne anrichten und 2 kleine Stücke vom Maibock anlegen.

Familie Conrad, Weingut Brauneberger Hof, Brauneberg

Weinempfehlung:
Mosel-Saar-Ruwer Grauburgunder oder Weißburgunder trocken.

Typisches Mosel-Haus.

Ein raffiniertes Gericht – in die Sauce gehört etwas Schokolade!

Kaninchen in Weisswein

Für 4 Personen:
1 küchenfertiges Kaninchen (1,5 kg)
Salz, frisch gemahlener Pfeffer
125 g fetter Speck
5 EL Olivenöl
125 ml Weißwein von der Mosel
125 ml Wasser
1 Lorbeerblatt
1/4 TL gerebelter Thymian
2 EL gehackte Petersilie
12 Schalotten
50 g gehackte Mandeln
50 g gehackte Pinienkerne
2 TL geriebene Schokolade

Kaninchen kalt abspülen, trocken tupfen, in Stücke teilen, mit Salz und Pfeffer würzen.
Speck würfeln. 3 EL Öl in einer Kasserolle erhitzen und den Speck darin auslassen. Speckgrieben herausnehmen, die Kaninchenteile in die Kasserolle geben und rundherum anbraten. Den Bratensatz mit Wein und Wasser loskochen, Lorbeerblatt, Thymian und Petersilie hineingeben und etwa 30 Minuten garen.
Die Schalotten abziehen und in dem restlichen Öl anbraten. Die Mandeln, Pinienkerne und Schokolade hinzufügen, alles gut vermengen, zu dem Fleisch geben und weitere 25 Minuten garen. Eventuell noch etwas Flüssigkeit hinzufügen und die Sauce abschmecken.

Elsbeth Steffens, Weingut Ernst Steffens, Zell-Merl

Weinempfehlung:
Dem Kaninchen mit einem zarten Mosel-Saar-Ruwer Rivaner Classic oder Riesling S ein letztes Mal „auf die Sprünge helfen".

Die Rehfilets werden im Schweinenetz gegart und bleiben dadurch schön saftig:

Rehfilets mit Spinat

Für 4 Personen:
3-4 ausgelöste Rehrückenfilets
1 EL grüne Pfefferkörner
1 TL geschrotete Wacholderbeeren
1 TL Thymian
4 EL Öl
Pfeffer aus der Pfeffermühle
1 Stück Schweinenetz (muss beim Metzger bestellt werden)
1 EL Butter
2 Knoblauchzehen
ca. 300 g Blattspinat
1 Messerspitze Ingwerpulver
frisch geriebener Muskat

Je nach Größe 3/4 oder ein ausgelöstes Rehrückenfilet pro Person unter fließendem Wasser abwaschen und gut trocken tupfen. Anschließend mit zerdrückten grünen Pfefferkörnern, Wacholderbeeren und Thymian einreiben. Die Filets in heißem Öl auf beiden Seiten scharf anbraten, herausnehmen, salzen, pfeffern und zur Seite stellen. In das Bratfett Butter und eine mit Salz zerriebene Knoblauchzehe geben und glasig anschwitzen; den Blattspinat dazugeben und mit Salz, Pfeffer, Muskat und Ingwer kräftig abschmecken.
Den Blattspinat auf das Schweinenetz legen, darauf die Rehfilets und oben darauf noch einmal Blattspinat, so dass die Filets ganz von dem Spinat umgeben sind. Das Ganze in das Schweinenetz einwickeln.
Diese Rolle auf ein gefettetes Backblech legen und im Backofen bei 200 °C (Gas Stufe 4, Umluft 180 °C) ca. 10 bis 15 Minuten backen. Nach dem Herausnehmen in Scheiben schneiden und sofort mit Preiselbeeren in lauwarmer halbierter Birne und mit neuen Kartoffeln servieren.

Dr. Baron von Hobe-Gelting, Weingut Schloss Thorn

Weinempfehlung:
Mosel-Saar-Ruwer Spätburgunder Rotwein (nicht über „13 Volt").

Wildschweinbraten mit Dornfelder-Trauben

Für 6 Personen:
1,5 kg Wildschweinfleisch
Traubenkernöl
1 Zehe Knoblauch
1 Zweig Rosmarin
Dornfelder Rotwein
etwas Traubenkernmehl (ersatzweise brauner Saucenbinder)
Salz, grüner Pfeffer
Dornfeldertrauben (ersatzweise andere rote Weintrauben)
500 g Spätzle

Das Wildschweinfleisch mit Traubenkernöl bestreichen und mit dem Knoblauch und dem Rosmarin spicken. In der Pfanne von beiden Seiten scharf anbraten, danach ca. 1 bis 1,5 Stunden auf kleinerer Flamme braten. Ab und zu mit Dornfelder übergießen: Das ergibt eine super Farbe für die spätere Sauce. Zur Verfeinerung Dornfeldertrauben halbieren und entkernen und mit der Sauce kurz aufkochen. Die Sauce mit Traubenkernmehl binden und mit Salz und grünem Pfeffer abschmecken. Das Fleisch erst nach dem Garen salzen und pfeffern.
Spätzle kochen und mit dem Fleisch und der Sauce servieren.

Claudia Clüsserath, Weingut Hubertushof, Trittenheim

Weinempfehlung:
Mosel-Saar-Ruwer Dornfelder QbA trocken; hier auch mal ein Barrique

Überbackene Lauchröllchen

Für 4 Personen:
4 dicke Lauchstangen
8 Scheiben Schinkenspeck
Salz, Pfeffer
40 g Butter
40 g Mehl
0,25 l Sahne
0.25 l trockener Elbling
50 g geriebener Käse
Paprikapulver
Semmelbrösel

Lauchstangen putzen und waschen und im gesalzenen Wasser 10 Minuten dünsten. Anschließend abtropfen lassen, der Länge nach teilen und mit einer Schinkenspeckscheibe umwickeln. Den umwickelten Lauch in eine mit Butter ausgestrichene feuerfeste Form legen. Aus den angegebenen Zutaten eine helle Sauce bereiten und über den Lauch gießen. Geriebenen Käse, Paprikapulver und Semmelbrösel darüber streuen. Danach den Lauch im vorgewärmten Ofen bei ca. 200 °C (Gas Stufe 3, Umluft 160 °C) 20 Minuten überbacken: Die Oberfläche soll goldbraun werden!
Als Beilage empfehlen wir Petersilienkartoffeln.
Die Lauchröllchen können als Hauptspeise sowie auch als Vorspeise (dann für 8 Personen) serviert werden.

Horst Frieden, Weingut Frieden-Berg, Nittel

Weinempfehlung:
Mosel-Saar-Ruwer Elbling trocken.

Zucchinigemüse mit Schafskäse

Für 4 Personen:
1 große Zwiebel
500 g Zucchini
2 EL Öl
Salz, Pfeffer
1 Lorbeerblatt
1 zerdrückte Knoblauchzehe
100 g Schafskäse
ein Schuss Wein

Die Zwiebel schälen, halbieren oder vierteln und in Scheiben schneiden. Die Zucchini waschen, trocknen, kleine Zucchini in Scheiben, größere in Viertel und dann in Stücke schneiden. Zwiebeln und Zucchini in Öl anbraten, mit Salz, Pfeffer, Knoblauch und dem Lorbeerblatt würzen und bei geschlossenem Deckel und schwacher Hitze höchstens 10 Minuten dünsten. Das Gemüse soll ein bisschen knackig bleiben. Einen Schuss Wein zufügen, bei offenem Topf die Flüssigkeit etwas einkochen lassen. Den Schafskäse zerbröseln, mit dem Gemüse vermischen und abschmecken.
Dieses Zucchinigemüse eignet sich als leichte Vorspeise, mit Reis wird daraus eine komplette Mahlzeit.

Tipp: Der Schafskäse kann natürlich durch Ziegenkäse ersetzt werden, dann schmeckt das Zucchinigemüse wieder anders.

Katrin Sonnemann, Königsfarm, Longkamp

Weinempfehlung:
Entweder einen Mosel-Saar-Ruwer Riesling trocken oder als interessante Variante einen reifen (2- 3 Jahre alten) Mosel-Saar-Ruwer Riesling Kabinett halbtrocken bis lieblich (30 g/l Restzucker).

Überbackener Spinat

Für 4 Personen:
2 Knoblauchzehen
Olivenöl
600 g Spinat
Pfeffer, Salz, Muskatnuss
1 Zwiebel
4 Tomaten
1/4 Bund Basilikum
150 g Schinkenspeck, gewürfelt
4 Scheiben Emmentaler

Die Knoblauchzehen fein hacken und in heißem Olivenöl anbraten. Den gewaschenen und grob gehackten Spinat ca. 4 Minuten lang darin andünsten, mit Salz, Pfeffer und Muskatnuss würzen und in eine gefettete Auflaufform füllen. Die Zwiebel würfeln, die Tomaten ebenfalls in Würfel schneiden, das Basilikum fein hacken. Tomaten und Zwiebeln in Olivenöl andünsten, das Basilikum dazugeben, mit Salz und Pfeffer würzen. Den Schinkenspeck in einer trockenen Pfanne auslassen. Die Tomaten auf dem Spinat verteilen, die Schinkenwürfel darüber streuen und das Ganze mit dem Emmentaler belegen. Im vorgeheizten Backofen 10 Minuten lang bei 220 °C (Gas Stufe 5, Umluft 200 °C) überbacken.

Anne Boch, Weingut Heribert Boch, Trittenheim

Weinempfehlung:
Mosel-Saar-Ruwer Riesling SELECTION; Riesling S.

Grünkern-Wirsing-Gratin

Für 4 Personen:
1 kleiner Wirsing
60 g Butter
200 ml Gemüsebrühe
Salz
1 Zwiebel
2-3 Knoblauchzehen
100 g Grünkern
100 g Haferflocken
600 ml Gemüsebrühe
1 Ei
Petersilie, Muskat, Pfeffer, evtl. Salz
3-4 Tomaten (auch aus der Dose)
50 g Hartkäse, frisch gerieben
200 ml Sahne

Wirsing putzen, vierteln und in Streifen schneiden. Butter in einen breiten Topf geben, schmelzen lassen, den Wirsing kurz anschwenken und mit 200 ml Gemüsebrühe bei geschlossenem Deckel in 10 bis15 Minuten fast gar werden lassen.
Zwiebel und Knoblauch fein wiegen und in Öl anrösten. Grünkern schroten und mit den Haferflocken dazugeben. Kurz mitdünsten, 600 ml Gemüsebrühe zugeben, einmal aufkochen, umrühren und 10 Minuten ausquellen lassen. Dann das Ei und die gehackte Petersilie untermischen und mit Muskat und Pfeffer - eventuell noch etwas Salz - kräftig abschmecken.
Eine Auflaufform buttern, den Wirsing einfüllen, darauf die Grünkernmasse streichen und alles mit Tomatenscheiben abdecken. Die Tomaten etwas salzen.
Den geriebenen Käse mit der Sahne verrühren und über das Gratin gießen.
Bei 180 bis 200 °C (Gas Stufe 3-4, Umluft 160- 180 °C) in 40 Minuten goldbraun backen.

Katrin Sonnemann, Königsfarm, Longkamp

Weinempfehlung:
Leichter Mosel-Saar-Ruwer Elbling, Rivaner, Weißburgunder trocken.

Moselrotaugen mit Ingwerschalotten und Butter-Fettuccine

Für 4 Personen:
600 g Rotaugenfilets mit Haut
0,5 l Riesling
Saft einer halben Zitrone
Salz, Pfeffer
1 EL gehackter Dill,
etwas Mehl
150 g Butter
400 g Schalotten, gewürfelt
20 g gehackter Ingwer
2 EL Honig
400 g Fettucine
1 Möhre
etwas frischen Dill

Die Rotaugenfilets werden in ca. 2/3 des Weines zusammen mit dem Zitronensaft, etwas Salz, Pfeffer und Dill ca. 10 Minuten mariniert.
In der Zwischenzeit 50 g Butter in einem Topf bei mittlerer Hitze zergehen lassen. Dann den gehackten Ingwer und die Schalottenwürfel dazugeben, alles leicht anschwitzen und goldgelb bräunen lassen. Das Ganze wird anschließend mit etwas Salz und Pfeffer gewürzt. Nun den Rest Riesling und den Honig hinzugeben, den Topf mit einem Deckel verschließen und das Ganze leicht schmoren lassen.
In der Zwischenzeit etwa 2 l Wasser mit etwas Salz und Öl zum Kochen bringen, die Fettucine hinzugeben und etwa 10 Minuten leicht köcheln lassen. Anschließend die Nudeln auf ein Sieb schütten und mit kaltem Wasser abschrecken. In einem Topf etwa 50 g Butter zergehen lassen und die Fettucine darin schwenken.
Für den Fisch 50 g Butter in einer weiteren Pfanne erhitzen. Die Rotaugen leicht auf der Hautseite mehlieren und auf dieser Seite kross braten.
Nun alles auf einem großen flachen Teller anrichten. Die Nudeln mit einer großen Fleischgabel zu einer Rolle drehen, die Rotaugenfilets anlegen und die Ingwer-Schalotten seitlich dazu geben. Mit frischem Dill und selbst kreierten Möhrenblumen den Teller ausgarnieren.

Familie Conrad, Weingut Brauneberger Hof, Brauneberg

Weinempfehlung:
Mosel-Saar-Ruwer Riesling Spätlese trocken mit zart-fruchtiger Note und einem Schuss pikanter Säure.

Mangold-Lachs-Nudel-Gratin

Für 4 Personen:
400 g Nudeln
200 g geräucherter Lachs
500 g frischer Mangold (oder Blattspinat)
400 ml Sahne
geriebener Gouda
Salz, Pfeffer aus der Mühle
frischer Knoblauch

Die Nudeln in Salzwasser bissfest garen, abschrecken und abtropfen lassen. Den Mangold in Streifen schneiden, in kochendem Salzwasser blanchieren und mit Salz, Pfeffer und Knoblauch würzen. Die Hälfte der Nudeln in eine gefettete Auflaufform geben, den Mangold darüber verteilen. Dann den in kleine Stücke geschnittenen geräucherten Lachs darüber geben und mit den restlichen Nudeln bedecken. Die Sahne darüber gießen und mit dem geriebenem Gouda überstreuen. Bei 180 bis 200 °C (Gas Stufe 3-4, Umluft 160-180 °C) im Backofen backen.

Variante: Anstelle des geräucherten Lachs' gedünsteten Lachs nehmen: 200 ml trockener Weißwein mit Salz, Estragon und klein gewürfelter Zwiebel aufkochen und 200 g frisches oder tief gefrorenes Lachsfilet kurz darin garen.

Margret Steffen, Weingut Steffen-Herzog, Osann

Weinempfehlung:
Der kräftige Alkoholgehalt einer Mosel-Saar-Ruwer Riesling SELECTION sorgt für genussvolle Harmonie.

Hecht in Weisswein

Für 4 Personen:
1 küchenfertiger Hecht
100 g Weißbrotkrumen
etwas Milch
50 g gehackte Champignons
1 Bund Schnittlauch
Salz, Pfeffer
2 Eier
1 Scheibe Speck
25 g Butter
1/2 l Weißwein
1 Zwiebel, gewürfelt
Petersilie, Thymian, Lorbeerblatt
Saft einer Zitrone
Salz, Pfeffer
3 Eigelb
100 g Butter

Den Hecht schuppen und waschen.
Die Weißbrotkrumen in Milch einweichen, die gehackten Champignons, den in Röllchen geschnittenen Schnittlauch, Gewürze und 2 aufgeschlagene Eier hinzufügen.
Den Hecht mit dieser Farce füllen und mit Hilfe einer Scheibe Speck verschließen.
Einen Fond aus 25 g Butter, dem Wein, der gehackten Zwiebel, Petersilie, Thymian, Lorbeerblatt, dem Saft einer Zitrone, Salz und Pfeffer zubereiten und den Hecht darin im heißen Backofen 25 Minuten bei 175 °C (Gas Stufe 2-3, Umluft 160 °C) unter häufigem Begießen garen.
Den Hecht auf einer vorgewärmten Platte anrichten. Den Bratensaft reduzieren und 3 Eigelb hinzugeben. Bei milder Hitze nach und nach 100 g Butter unterschlagen.
Die Sauce durch ein Sieb geben und den Hecht vor dem Servieren damit überziehen.

Marie-Geneviève u. Norbert Molozay, Château de Vaux, Vaux (Lothringen)

Weinempfehlung:
Mosel-Saar-Ruwer Riesling Kabinett trocken, zart und nicht zu alkoholbetont.

Zander im Lauchbett mit Rieslingsahne und Hirsebällchen

Für 4 Personen:
600-800 g Zanderfilet
Zitronensaft, Salz, etwas Mehl
Butter
600 g Lauch
200 ml Wein
125 g süße Sahne
Öl zum Braten

Hirsebällchen:
etwas Butter
1 kleine Zwiebel
1 Tasse Hirse
Salz, Pfeffer
3 Tassen Gemüsebrühe
etwas Butter
1 Bund Petersilie
2 EL Sahnefrischkäse

Die Zanderfilets säubern, mit etwas Zitronensaft beträufeln, salzen und in Mehl wälzen. Den Lauch putzen, waschen und in 1 cm dicke Scheiben schneiden. Butter in einem großen Topf zerlassen, den Lauch dazugeben und andünsten. Mit geschlossenem Deckel unter Zugabe von etwas Wasser kurz dünsten lassen. Den Wein dazugeben, etwas reduzieren, und zum Schluss die Sahne unterrühren. Vor dem Servieren ein Stück Butter unterrühren. Gleichzeitig Öl in einer breiten Pfanne erhitzen und die Zanderfilets von beiden Seiten bei mittlerer Hitze goldbraun braten. Die fertigen Zanderfilets auf dem Lauchgemüse servieren.
Sehr fein schmecken dazu Hirsebällchen. Hierfür die Butter im Topf zerlassen und die sehr fein gehackte Zwiebel darin anschwitzen. Hirse zufügen, unter Rühren kurz andünsten. Dann die Gemüsebrühe dazugeben, aufkochen lassen, würzen und bei geschlossenem Deckel bei ganz geringer Hitze 30 Minuten ausquellen lassen. Die gehackte Petersilie und den Frischkäse unter die Hirse mischen.
Mit 2 Esslöffeln kleine Bällchen formen und um die Fischplatte arrangieren.

Heide Weidemann, Weingut Johannes Schneider, Maring-Noviand

Weinempfehlung:
Die ganze trockene Mosel-Saar-Ruwer Weiße Burgunder-Palette (Auxerrois, Weißburgunder, Grauburgunder, Chardonnay).

Überbackene Lachsforellen

Für 4 Personen:
800 g Lachsforellen, entgrätet und in Stücken (oder jeder andere Fisch)
Salz, Pfeffer
Zitronensaft
1 Schüssel Wildkräuter der Saison, grob geschnitten (Löwenzahn, Basilikum, Schnittlauch, Kerbel, Sauerampfer, Petersilie, Dill)

Für die Sauce:
30 g Butter
1/2 Zwiebel, fein gehackt
1/4 l Brühe
1/8 l Sahne
1/4 l Riesling
Salz, Pfeffer

Lachsforellen säubern, salzen, pfeffern, mit etwas Zitronensaft beträufeln und in eine gefettete Auflaufform schichten. Mit den gehackten Kräutern bestreuen. Für die Sauce Zwiebelwürfel in der Butter glasig andünsten. Brühe, Weißwein und Sahne nach und nach unter Rühren aufgießen und aufkochen lassen. Sauce abschmecken und über die Forellen gießen. Im Backofen bei 180 °C (Gas Stufe 3, Umluft 160 °C) etwa 30 Minuten backen.

Barbara Wünsch-Schirmer, Weingut Schenk-Oster, Waldrach

Weinempfehlung:
Mosel-Saar-Ruwer Riesling S.

Spargel mit Mosel-Zander

Für 4 Personen:
2 kg weißer Spargel
1 gestrichener EL Zucker
600 g Zanderfilet
Butter
1 Schuss Riesling
Salz, Pfeffer

Den Spargel waschen und in einen Topf mit kaltem Wasser und dem Zucker geben. Die Spargel bissfest kochen. Die Zanderfilets in Stücke schneiden, in einer Pfanne in Butter je nach Dicke ca. 5 bis 7 Minuten braten, dabei einmal wenden; mit einem Schuss Riesling ablöschen, salzen und pfeffern. Dazu wird im Wasserbad (Bain Marie) zerlassene Butter gereicht.

Dr. Baron von Hobe-Gelting, Schloss Thorn

Weinempfehlung:
Klassische Mosel-Saar-Ruwer Riesling (Riesling S).

Starker Dreiklang: Das Zanderfilet wird mit Knoblauch gebraten, mit Elbling-Essigzwiebeln bedeckt und auf Raukesalat serviert.

Mosel-Zander auf Raukesalat mit Elbling-Essigzwiebeln

Für 4 Personen:

Essigschalotten:

300 g kleine Zwiebeln
30 ml Olivenöl
10 g Zucker
Salz, grober Pfeffer
50 ml Balsamicoessig
50 ml Roter Elbling

Vinaigrette:

Saft von 1 Zitrone
Salz, Pfeffer
abgeriebene Schale von 1/2 Zitrone
30 ml Olivenöl
250 g Raukesalat (Rucola)
150 g Cocktailtomaten, halbiert

Zanderfilet:

600 g Zanderfilet, küchenfertig
20 ml Olivenöl
4 Zitronenthymianzweige
4 Knoblauchzehen, halbiert
Salz, Pfeffer
zum Garnieren:
50 g Parmesan
Kerbel

Für die Balsamicoschalotten die Zwiebeln schälen und in ca. 5 mm dicke Scheiben schneiden. Das Olivenöl erhitzen, die Schalotten darin ohne Farbe glasig anbraten. Den Zucker beigeben und solange weiter braten, bis der Zucker geschmolzen ist. Mit Salz und grobem Pfeffer würzen und mit dem Balsamico und dem roten Elbling ablöschen. Das Ganze gut durchrühren, etwas einkochen, von der Flamme nehmen und ziehen lassen.

Für die Vinaigrette den Zitronensaft mit Salz und Pfeffer würzen. Die abgeriebene Zitronenschale beigeben und unter ständigem Rühren das Olivenöl langsam einlaufen lassen. Den Raukesalat putzen, waschen, trockenschleudern und mit den halbierten Cocktailtomaten vermengen. Alles mit der Vinaigrette mischen.

Zanderfilet in 4 gleich große Stücke schneiden. Die Haut mit einem scharfen Messer kreuzweise einschneiden. Das Olivenöl erhitzen und die Zanderfilets darin auf der Hautseite sehr kross braten. Die Fischfilets wenden, die Temperatur reduzieren und Zitronenthymian und Knoblauch beigeben. Mit Salz und Pfeffer

würzen und langsam fertig garen.
Den Raukesalat auf Teller verteilen, die gebratenen Zanderfilets darauf anrichten und mit den Balsamicoschalotten belegen. Mit etwas frisch gehobeltem Parmesan bestreuen und mit frischem Kerbel garnieren.

Carina Dostert, Weingut Matthias Dostert, Nittel

WEINEMPFEHLUNG:
Roter oder weißer Mosel-Saar-Ruwer Elbling CLASSIC.

Pochierter Aal mit Maulbeersauce

Zutaten für 4 Personen:
1 kg Aal ausgenommen
0,2 l Riesling
0,5 l Fischfond
eine mit Nelken und Lorbeerblatt gespickte Zwiebel
Salz, Saft einer halben Zitrone
Gemüsebouquet aus Möhre, Lauch und Sellerie

Für die Sauce:

250 g Maulbeeren (ersatzweise Brombeeren)
20 g Butter
50 g Walnüsse, gehackt
200 ml Rotwein, 2 EL Aalsud
2 EL Honig
1 Messerspitze gemahlener Ingwer
1 EL Weinessig
etwas Maisstärke zum Abbinden
ca. 0,2 l vom Aalfond
frische Pimpernelle

Aus Riesling, Fischfond, Zwiebel, Salz, Zitronensaft und Gemüsebouquet einen Sud herstellen. Den Aal in 4-5 cm große Stücke schneiden. In der Zwischenzeit Butter für die Sauce erhitzen, die gehackten Walnüsse dazugeben und kurz anrösten; den Honig und die Maulbeeren zu den Walnüssen geben und leicht karamellisieren lassen und mit dem Rotwein ablöschen. Nun etwas von dem Aalsud hinzugeben und alles zusammen mit den Gewürzen aufkochen lassen. Auf kleinerer Hitze ca. 15 Minuten köcheln lassen. Nach ca. 5 Minuten den Aal in den heißen Fischsud geben und für 10 Minuten bei kleiner Hitze garen lassen. Der Aal darf nicht zum Kochen kommen, sondern sollte vor dem Siedepunkt simmern.
Vor dem Anrichten die Sauce mit etwas Maisstärke abbinden und kurz aufkochen lassen. In die Tellermitte etwas Sauce geben und darauf die abgetropften Aalstücke anrichten. Mit Walnusshälften und frischer Pimpernelle ausgarnieren.
Dazu reichen wir Petersilienkartoffeln.

Familie Conrad, Weingut Brauneberger Hof, Brauneberg

Weinempfehlung:
Zeit für Experimente: Was passt besser - Mosel-Saar-Ruwer Spätburgunder trocken mit „Kawuppdich" oder doch lieber Mosel-Saar-Ruwer Riesling Auslese trocken? Ausprobieren!

Ein sehr edles Hauptgericht für ein festliches Essen:

Ragout aus Mosel-Zander und Flusskrebsen mit Semmelauflauf und Trüffel

Für 4 Personen:
12 Flusskrebse

Krebsfond:

40 ml Olivenöl
1 Karotte, gewürfelt
1/4 Sellerieknolle, gewürfelt
1/4 Lauchstange, gewürfelt
2 EL Tomatenmark
8 cl weißer Weinbrand
2 Tomaten, geviertelt
5 Thymianzweige
1 Lorbeerblatt
1 Knoblauchknolle, halbiert
300 ml Roter Elbling
Salz, Pfeffer
20 g kalte Butter
2 EL geschlagene Sahne

Zander:

20 ml Olivenöl
600 g Zanderfilet, küchenfertig
20 g Butter
5 Thymianzweige
3 Knoblauchzehen, geschält
Salz, Pfeffer

Semmelauflauf:

3 Semmeln
2 Schalotten
20 g Butter
50 ml trockener Elbling
50 ml Brühe
80 ml Sahne
50 g Meerrettich, geschält
Salz, Pfeffer, Muskat
2 Eigelb
2 Eiweiß
Butter für die Förmchen
1 EL Semmelbrösel für die Förmchen
1 kleiner Bund Schnittlauch
12 Thaispargelspitzen (oder wilder Spargel), gebraten
1 Schwarze Trüffel

Die Flusskrebse in kochendem Salzwasser ca. 2 bis 3 Minuten garen, anschließend in Eiswasser abschrecken. Die Schwänze und Scheren ausbrechen, den Darm entfernen. Die Schalen trocknen und für den Krebsfond reservieren.
Die Krebs-Schalen in heißem Olivenöl kurz anbraten, Karotten, Sellerie und Lauch beigeben und alles gut anrösten. Das Tomatenmark zufügen, kurz mitrösten und mit dem Weinbrand flambieren. Die geviertelten Tomaten, Kräuter und Knoblauch beigeben, mit Wein und Wasser auffüllen und ca. 1 Stunde unter ständigem Abschöpfen köcheln lassen. Danach durch ein Sieb passieren. Den Krebsfond auf 300 ml einkochen lassen, mit Salz und Pfeffer abschmecken und mit der kalten Butter und der Sahne aufmixen.
Das Olivenöl in der Pfanne erhitzen. Die Zanderfilets in 8 Stücke schneiden und mit der Hautseite nach unten in die Pfanne legen. Solange langsam kross braten lassen, bis sie fast gar sind. Wenden, von der Flamme nehmen, Butter, Thymian und Knoblauch beigeben, mit Salz und Pfeffer würzen und gar ziehen lassen.
Für den Semmelauflauf die Semmeln in grobe Würfel schneiden. Die Schalotten in kleine Würfel schneiden und in der Butter ohne Farbe anbraten. Die Semmelwürfel zufügen und mit Weißwein, Brühe und Sahne aufgießen. Unter ständigem Rühren langsam köcheln lassen, bis eine homogene Masse entsteht. Den Meerrettich fein reiben, zu der Masse geben, gut verrühren und mit Salz, Pfeffer und Muskat abschmecken. Das Ganze etwas abkühlen lassen. Im noch warmen Zustand die Eigelbe einrühren und ganz erkalten lassen. Eiweiß mit einer Prise Salz steif schlagen, ein Drittel in die Semmelmasse rühren. Das restliche Eiweiß vorsichtig unterheben.
4 Förmchen mit Butter bestreichen und mit Semmelbröseln ausstreuen. Die Masse einfüllen und im vorgeheizten Backofen im Wasserbad (in der mit Wasser gefüllten Saftpfanne zum Beispiel) bei 170 °C (Gas Stufe 3, Umluft 150 °C) ca. 30 Minuten backen. Die Flusskrebse in der Sauce erwärmen, den grob geschnittenen Schnittlauch beigeben und das Ganze in 4 tiefen Tellern verteilen. Semmelmeerrettichsoufflé und Zanderfilet darin anrichten und mit dem gebratenen grünen Thaispargelspitzen garnieren. Mit dem gehobelten Trüffel bestreuen.

Carina Dostert, Weingut Matthias Dostert, Nittel

Weinempfehlung:
Am Mosel-Saar-Ruwer Elbling kommt man hier nicht vorbei; beim 2. Glas darf's aber auch ein Mosel-Saar-Ruwer Weißburgunder trocken (gerne auch als Spätlese!) sein und beim dritten zum Abrunden eine Mosel-Saar-Ruwer Riesling SELECTION.

Kanu auf der Mosel.

Gebackene Moselfische, süss-sauer eingelegt

Für 4 Personen:
20 gebackene Moselfische (Rezept s. unten)
4 große Zwiebeln
8-10 Lorbeerblätter
1 Beutel gemischte Gewürzkörner (Koriander, Senfsamen u.a.m.)
2 EL Zucker, 1 TL Salz
1 l Wasser, 2 l Essig

Die Zwiebeln schälen und in Ringe schneiden, mit den Lorbeerblättern, den Gewürzkörnern und den Fischen in einer Schüssel oder in einem Steingutgefäß schichten. Wasser mit Essig, Salz und Zucker aufkochen und diese heiße Marinade über die Fische gießen; 2 Tage ziehen lassen.
Dazu passt Brot oder man isst „Gedämpfte Kartoffeln": Rohe Kartoffelstifte werden in einer Deckelpfanne mit etwas Fett gedünstet, dabei mit Salz, Pfeffer und Muskat gewürzt. Wenn sie gar sind, werden sie in der offenen Pfanne noch kurz scharf angebraten bis sie ein „Krüstchen" haben.

Gebackene Moselfischchen

20 kleine Moselfische
Salz, Pfeffer, Mehl, Öl

Die küchenfertigen Fische salzen, pfeffern und in Mehl wälzen; in der Fritteuse oder in der Pfanne knusprig ausbacken. Gegessen werden die Fische mit den Fingern. Dazu gibt's deftiges Bauernbrot.

Tipp: Frau Schneider, die selbst angelt, nimmt für dieses Rezept nur ganz zarte Fischchen bis zu einer Länge von 12-15 cm, bei denen man alles mitessen kann.

Silke Schneider, Weingut Helmut Schneider, Bekond

Weinempfehlung zu den gebackenen Fischen:
Weiß, trocken, zart: Mosel-Saar-Ruwer Riesling, Elbling, Rivaner, Weißburgunder - den Fisch ein letztes Mal „schwimmen" lassen!
Weinempfehlung zu den eingelegten Fischen:
Mosel-Saar-Ruwer Riesling mit „knackiger" Säure, 2-3 Jahre alt.

„Dieses Rezept ist ein überliefertes Rezept meiner Großmutter," schreibt Herr Jostock zu diesem Rezept:

Moselaal in Riesling-Petersiliensauce

Für 4 Personen:
1 kg Aal
1 l Wasser
1/2 l trockener Moselriesling
Salz
2 Lorbeerblätter
1/2 TL Pfefferkörner
1 große Zwiebel
Petersilie
Salz, Pfeffer
100 ml Sahne
40 g Butter
2 EL Mehl

Aus Wasser, Wein, Salz, Lorbeerblättern, Pfefferkörnern und der Zwiebel einen Sud zubereiten und einkochen lassen.
Den Aal abwaschen, trocknen, in 5 cm große Stücke schneiden und in den Sud geben, ziehen lassen (jedoch nicht kochen).
Nach 10-15 Minuten den Aal herausnehmen und warm stellen.
Nun den Sud durch ein Sieb gießen.
Aus der Butter, Mehl und dem Sud eine helle Sauce zubereiten.
Mit Salz und weißem Pfeffer aus der Mühle abschmecken. Die Sahne mit dem Mixer in der Sauce aufschlagen, und die klein gehackte Petersilie unterheben und nochmals mit trockenem Wein abschmecken. Nun den Aal in die Sauce geben und noch einige Minuten ziehen lassen.
Dazu reicht man Salzkartoffeln und einen frischen Salat.

Peter Jostock, Weingut Peter Jostock-Bach, Leiwen

Weinempfehlung:
Mosel-Saar-Ruwer Riesling S.

Ein göttlicher Nachtisch:

Trauben-Krokant-Creme

Für 4 Personen:
125 ml Traubensaft (von Müller-Thurgau oder Kerner Trauben)
2 EL Zitronensaft
150 g Zucker
250 g Naturjoghurt
250 g Schmand
4 Blatt weiße Gelatine
500 ml Schlagsahne
500 g Trauben (nach Möglichkeit Müller-Thurgau
oder Kerner), halbiert
100 g Krokant

Traubensaft mit Zitronensaft, Zucker, Joghurt und Schmand verrühren, die eingeweichte, ausgedrückte und in wenig Sahne aufgelöste Gelatine hinzufügen. Restliche Sahne steif schlagen und vorsichtig mit den Trauben unterheben. Zum Schluss den Krokant hinzufügen.
2-3 Stunden kühl stellen.

Tipp: Krokant selber gemacht: 100 g Mandeln mit 1 EL. Zucker und 1 TL Butter in einer Pfanne rösten.

Petra Stoffel, Weingut Alfons Stoffel, Leiwen

Weinempfehlung:
Wein derjenigen Rebsorte, aus der Traubensaft für die Traubencreme gemacht worden ist, mit dezenter Süße.

Ein wahres Lieblingsrezept sind die Armen Ritter mit Weinschaumsauce! Hier sind sie mit Rosenblütenblättern und Melisseblättchen dekoriert worden.

Arme Ritter mit Weinschaumsauce

Für 4 Personen:
4 altbackene Milchbrötchen
2 EL Zucker
1 Päckchen Vanillezucker
2 Eier
1 EL Wasser
1/2 l Milch
Zitrone
Semmelbrösel
Butterschmalz
Zucker, Zimt

Weinschaumsauce:

1 Ei
3 EL Zucker
1 TL Stärkemehl
Saft und Schale einer halben unbehandelten Zitrone
1/4 l Wein
1/8 l Wasser

Die Rinde der Brötchen mit einer Reibe abreiben, dann die Brötchen halbieren. Eigelb, Zucker und Vanillezucker schaumig rühren, etwas Zitrone beigeben und 1/2 l Milch beifüllen. Die Brötchenhälften in die Eiermilch legen und etwa eine Viertelstunde gut durchziehen lassen. Dann leicht ausdrücken. Eiweiß mit 1 Esslöffel Wasser verquirlen, die Brötchen zunächst darin, dann in den Semmelbröseln wenden. Das Fett in der Pfanne erhitzen und die Brötchenhälften auf beiden Seiten hellbraun ausbacken. Zucker und Zimt vermischen und die Brötchen darin wenden. Dazu reicht man eine Weinschaumsauce.
Für die Weinschaumsauce Ei und Zucker schaumig rühren, Stärkemehl, Zitrone, Wein und Wasser hinzufügen. Das Ganze im Wasserbad abschlagen, bis es schaumig wird, und zuletzt noch einmal im Topf aufkochen lassen, damit die Stärkebindet.

Helga Gietzen, Winzerhof Gietzen, Hatzenport

Weinempfehlung:
Ein nicht zu schmalzig-süßer, aber doch lieblicher Mosel-Saar-Ruwer Riesling QbA oder Kabinett.

Marinierte Beeren mit Elbling-Sekt-Sabayon

Für 4 Personen:
200 g Himbeeren
100 g Heidelbeeren
300 g Erdbeeren
1 EL Puderzucker
Saft von 1 Zitrone
abgeriebene Schale von 1/2 unbehandelten Zitrone
8 cl Weinbergspfirsichlikör
200 ml Elblingsekt trocken
50 g Zucker
4 Eigelb
4 Kugeln Vanilleeis
Zum Garnieren:
frische Minze

Himbeeren und Heidelbeeren putzen und waschen. Erdbeeren putzen, waschen und halbieren. Die Beeren mit Puderzucker, Zitronensaft, abgeriebener Zitronenschale und Weinbergspfirsichlikör marinieren.
Für den Elbling-Sekt-Sabayon den Sekt mit dem Zucker gut verrühren. Die Eigelbe beigeben und alles glatt rühren. Das Ganze über dem heißen Wasserbad solange schlagen, bis eine schaumige, homogene Masse entsteht.
Die Beeren auf Teller verteilen, je eine Kugel Vanilleeis darauf anrichten. Dekorativ mit dem Sabayon überziehen und mit frischer Minze garnieren.

Carina Dostert, Weingut Matthias Dostert, Nittel

Weinempfehlung:
Mosel-Saar-Ruwer Elbling Sekt trocken oder halbtrocken.

Süsse Weinsuppe mit Schneeeiern

1/2 l halbtrockener Weißwein
1/4 l Wasser
40 g Stärkemehl
40 g Zucker
1 Ei
1 Zimtstange

Stärkemehl mit etwas Weißwein verquirlen. Den restlichen Wein, Wasser, Zucker und Zimtstange zum Kochen bringen; die Stärke-Weißweinmischung langsam einrühren und einmal aufkochen lassen. Suppe vom Herd nehmen und die Zimtstange herausnehmen.
Das Ei trennen. Eiweiß zu Schnee schlagen, Eigelb unter die Suppe rühren. Mit einem Esslöffel kleine Klößchen vom Eiweiß abstechen und auf die Suppe setzen. Zugedeckt etwa 5 Minuten ziehen lassen. Zum Servieren die Suppe mit den Klößchen vorsichtig in die Teller füllen.

Ellen Knaup, Weingut Knaup, Treis Karden

Weinempfehlung:
Gereifte Mosel-Saar-Ruwer Riesling Spätlese halbtrocken.

Sekt-Mousse mit Traubensauce

Für 4 Personen:
3 Blatt Gelatine
100 g Zucker
1 Eigelb
125 ml trockener Riesling-Sekt
Saft einer Zitrone
125 ml Sahne
400 ml weißer Traubensaft
Mark einer Vanilleschote
1 gestrichener EL Speisestärke
je 150 g grüne und rote Weintrauben
Zitronenmelisse zum Garnieren

Die Gelatine in kaltem Wasser einweichen. 50 g Zucker, Eigelb und Riesling-Sekt über dem heißen Wasserbad ca. 10 Minuten cremig aufschlagen. Zitronensaft dazugeben, die Gelatine ausdrücken und unterrühren. Im kalten Wasserbad weiterrühren, bis die Masse abgekühlt ist. Die Sahne steif schlagen und vorsichtig unterheben. Die Masse in eine Schüssel füllen und mindestens 6 Stunden kalt stellen. Traubensaft mit dem restlichen Zucker und Mark der Vanilleschote aufkochen. Die mit 2 Esslöffeln kaltem Wasser angerührte Speisestärke in den kochenden Saft einrühren und kurz aufkochen. Die Fruchtsauce abkühlen lassen und 3 bis 4 Stunden in den Kühlschrank stellen.
Kurz vor dem Servieren die Weintrauben waschen, halbieren, entkernen und in die Sauce geben. Die Sauce auf tiefe Teller verteilen. Von der Rieslingsekt-Mousse mit einem Esslöffel Nocken ausstechen und auf die Sauce setzen. Mit Zitronenmelisseblättchen verzieren.

Margret Steffen, Weingut Steffen-Herzog, Osann-Monzel

Weinempfehlung:
Mosel-Saar-Ruwer Riesling Kabinett lieblich oder ein trockener Mosel-Saar-Ruwer Riesling-Sekt.

Trauben-Terrine mit Walnuss-Sauce

Für 8 bis 10 Personen:
200 g Frischkäse
200 g Naturjoghurt
100 g Schmand
100 ml weißer Traubensaft
3 EL Zitronensaft
25 g Puderzucker
1 Päckchen gemahlene weiße Gelatine
100 g Walnusskerne, in grobe Stücke geschnitten
150 g grüne Weintrauben halbiert und entkernt

Walnusssauce:
100 g Puderzucker
100 ml weißer Traubensaft
100 ml Sahne
75 g Walnusskerne, grob gehackt
zum Garnieren: Schokoladenglasur

Frischkäse, Naturjoghurt, Schmand und 100 ml Traubensaft zu einer cremigen Masse rühren, Zitronensaft und Puderzucker unterrühren, Gelatine mit etwas kaltem Wasser anquellen lassen und leicht erwärmen, sodass sie schmilzt. Dann unter die Frischkäsemasse rühren und das Ganze kalt stellen. Wenn die Masse zu gelieren beginnt, die Walnusskerne und die Weintrauben unterheben und das Ganze in Ragoutförmchen füllen. Mindestens 4 Stunden kalt stellen.
Für die Sauce den Puderzucker in der Pfanne trocken karamellisieren, mit 100 ml Traubensaft ablöschen, die Sahne zugeben und gut rühren, ca. 2 Minuten einkochen lassen, dann die Walnüsse unterrühren.
Die Terrine mit einem Messer vorsichtig am Rand lösen, die Förmchen evtl. kurz in heißes Wasser tauchen und auf große Glasteller stürzen. Die Terrine mit der Sauce umgeben, eventuell noch mit einer kleinen Weinbeere verzieren.

Christa Jüngling, Weingut Paulinshof, Kesten

Weinempfehlung:
Wein derjenigen Rebsorte, aus der der für die Traubenterrine verwandte Traubensaft gemacht worden ist, mit dezenter Süße.

Rundfahrtenschiff auf der Mosel.

Suppe von Woippy-Erdbeeren* mit Pinot Noir (Spätburgunder-Rotwein)

Für 4 Personen:
120 g Zucker
250 ml Wasser
Saft einer Zitrone
Zimtstange
2 Vanillestangen
2 Nelken
etwas geriebener Muskatnuss
750 ml Rotwein
1500 g Woippy-Erdbeeren

Den Zucker mit dem Wasser, dem Zitronensaft, der Zimtstange, den Vanillestangen, Nelken und der Muskatnuss aufkochen und abkühlen lassen.
Den Rotwein hinzugeben und 24 Stunden mazerieren lassen. Dann durchsieben.
1500 g Woippy-Erdbeeren waschen und putzen. Den Weinsud über die Erdbeeren gießen und 3 Stunden durchziehen lassen.

Marie-Geneviève u. Norbert Molozay, Château de Vaux, Vaux (Lothringen)

*Der Ort Woippy, ca. 10 km nordwestlich von Metz, ist für seine Erdbeeren berühmt. Man kann aber auch Erdbeeren aus anderen Anbaugebieten nehmen.

Weinempfehlung:
Mosel-Saar-Ruwer Spätburgunder Rosé halbtrocken.

Eine schnelle Riesling-Weincreme.

Riesling-Weincreme

Für 4-6 Personen:
3/4 bis 1 l fruchtiger Riesling
4 EL Zucker
2 Päckchen Vanillepuddingpulver
4 Eier
etwas gemahlene Bourbonvanille
1/4 l Sahne
zum Garnieren: Butterkekse

Alle Zutaten außer der Sahne zusammen kalt anrühren und unter ständigem Rühren zum Kochen bringen. Kurz aufwallen lassen, dann kalt rühren, damit die Creme keine Haut zieht. Anschließend die Sahne steif schlagen und unterziehen. Butterkekse in kleinen Stückchen über die Creme bröseln.

Barbara Selbach, Weingut Selbach-Oster, Zeltingen

Weinempfehlung:
Mosel-Saar-Ruwer Riesling Auslese, edelsüß mit nicht weniger als 40 g/l Restzucker aufwärts.

Ein sehr festlicher Nachtisch:

Weincreme nach altem Schlossrezept

Für 4 Personen:
6 Blatt Gelatine
4 Eigelb
75 g Zucker
1/4 l Elbling
1 Päckchen Vanillezucker
Saft von einer Orange und einer Zitrone
2 Eiweiß
1/4 l Sahne
12 Löffelbiskuits
4 cl Rotweinlikör
250 g dünnschalige weiße oder blaue Trauben

Gelatine in kaltem Wasser einweichen, Eigelb in einem Topf mit Zucker und Vanillezucker schaumig rühren. Elbling, Orangen- und Zitronensaft hinzugeben. Im heißen Wasserbad cremig aufschlagen, vom Feuer nehmen. Ausgedrückte Gelatine in die heiße Creme rühren. Creme abkühlen, dann im Kühlschrank erstarren lassen. Eiweiß zu steifem Schnee schlagen; Sahne ebenfalls steif schlagen. Kurz bevor die Creme fest wird, zuerst den Schnee, dann die Sahne unterheben. Löffelbiskuits mit Rotweinlikör beträufeln. Die Hälfte der Creme in Gläser füllen, Biskuits darauf legen, mit der restlichen Creme bedecken. 60 Minuten zugedeckt im Kühlschrank stehen lassen. Vor dem Servieren mit den Trauben garnieren.

Dr. Baron von Hobe-Gelting, Schloss Thorn

Weinempfehlung:
Der für die Creme verwendete Mosel-Saar-Ruwer Elbling oder ein Mosel-Saar-Ruwer Rosé-Sekt.

Die aromatischen Weinbergspfirsiche sind an der Mosel eine besondere Spezialität. Die hier vorgestellten eingelegten Weinbergspfirsiche schmecken sehr gut zu Vanilleeis, Pudding oder Milchreis:

Weinbergspfirsiche mit Rum

1 kg geschälte und gewürfelte rote Weinbergspfirsiche
500 g Zucker
4 EL Rum
1/2 TL Einmachhilfe

Pfirsiche mit Zucker mischen und über Nacht ziehen lassen. Anschließend zum Kochen bringen, Rum und Einmachilfe hinzufügen. Sofort heiß in Schraubgläser füllen. Schmeckt sehr gut zu Vanilleeis, aber auch zu Pudding und Milchreis.

Andrea Konzen, Ellenz-Poltersdorf

Weinempfehlung:
Hierzu passt etwas „Satt-Fettes": eine edelsüße Mosel-Saar-Ruwer Riesling Auslese mit wenig Säure oder eine Beerenauslese.

Parfait vom Speierling mit Riesling-Sabayon

Für 4 Personen:

Eis:

5 Eigelb
100 g Zucker
250 m l Sahne
100 m l Speierlingsschnaps

Sabayon:

3 Eigelb
50 g Zucker
200 ml milder Riesling

Für das Eis die Eigelb mit dem Zucker im Wasserbad schaumig rühren. Die Sahne steif schlagen und mit dem Speierlingsschnaps unterheben. Das Eis in eine rechteckige Form füllen und einen Tag gefrieren lassen. Für die Sabayon Eigelb und Zucker im Wasserbad schaumig aufschlagen und den Wein unter Rühren zugeben.
Parfait kurz in heißes Wasser tauchen, auf ein Schneidbrett stürzen und in Streifen schneiden. Mit dem Sabayon auf dunklen, mit Puderzucker bestäubten Tellern anrichten.

Marie-Theres Heß, Ferienweingut Heß-Becker, Bruttig-Fankel

Weinempfehlung:
Mosel-Saar-Ruwer Riesling Kabinett lieblich, 4-5 Jahre alt.

Tresterkirschen mit Zimtparfait

Für 4 Personen:

Tresterkirschen:

600 g Sauerkirschen
5 cl Trester
2-3 EL Honig
etwas Zimt

Zimtparfait:

2 Eigelb
80 g Honig
30 g Wasser
250 g Sahne
Zimt

Die Kirschen entsteinen, mit dem Trester erhitzen und 3 Minuten kochen lassen. Mit Honig und Zimt abschmecken.
Für das Zimtparfait die Eigelb so lange schlagen, bis sie weißschaumig sind. Honig mit Wasser erwärmen, bis sich der Honig auflöst, vom Herd nehmen und in die Eigelbmasse einrühren. Sahne steif schlagen und mit dem Zimt unterheben. Die Masse in der Eismaschine gefrieren. Wer keine Eismaschine hat, füllt die Masse in eine mit Folie ausgelegte Springform und lässt sie in der Tiefkühltruhe gefrieren.
Die noch warmen Kirschen auf Teller verteilen. Vom Zimtparfait Nockern abstechen und mit den Kirschen servieren.

Heide Weidemann, Weingut Johannes Schneider, Maring-Noviand

Weinempfehlung:
Das ist für „Süssmäuler": hierzu eine fruchtsüße Mosel-Saar-Ruwer Riesling Auslese nicht unter 60 g/l Restsüße.

Trester-Halbgefrorenes

Für 6 Personen:
8 Eigelb
150 g Zucker
2-3 cl Tresterbrand
250 g Sahne (gut gekühlt)
1 Päckchen Vanillezucker

Die Eigelb mit dem Zucker in einer Metallschüssel (möglichst mit rundem Boden) im warmen, nicht kochenden Wasserbad ständig mit dem Schneebesen schlagen. Wenn die Masse cremig-steif geworden ist, die Schüssel in ein kaltes Wasserbad stellen, den Trester zufügen und unter gelegentlichem Rühren die Masse abkühlen lassen (dabei wird sie zäh). Zwischenzeitlich die gekühlte Sahne mit dem Vanillezucker steif schlagen und vorsichtig unter die erkaltete Eiercreme heben. Die Masse in Metall- oder Glasschalen füllen und mit Frischhaltefolie abgedeckt in den Gefrierschrank stellen. Je nach Höhe der Schale dauert das Durchfrieren 6-10 Stunden. Deshalb sollte das Halbgefrorene am Vortag zubereitet werden. Vor dem Servieren 15-30 Minuten im Kühlschrank antauen lassen. Das Halbgefrorene schmeckt mit frischem Fruchtkompott besonders lecker.

Hilde Clüsserath, Weingut Helmut Clüsserath-Weiler, Trittenheim

Weinempfehlung:
Eine spannende Begegnung: „Eisiges" mit einer „fetten" edelsüßen Mosel-Saar-Ruwer Riesling Auslese oder einem Mosel-Saar-Ruwer Riesling Eiswein (und nicht nur, weil der Name so schön passt!)

Wein-Apfelkuchen

200 g Mehl
1 TL Backpulver
100 g Zucker
1 Päckchen Vanillezucker
1 Ei
1 Prise Salz
125 g kalte Butter
1kg Boskop-Äpfel
3/4 l Riesling trocken
2 Päckchen Vanille-Puddingpulver
200 g Zucker

Mehl mit Backpulver mischen und sieben. Die restlichen Zutaten schnell unterkneten und den Teig kalt stellen.
Die Äpfel fein hobeln, in einen großen Kochtopf geben und mit einem guten Schuss von dem Wein leicht aufkochen lassen. Puddingpulver mit Zucker und dem restlichen Wein verrühren und zu der Apfel-Wein-Masse geben. Alles aufkochen lassen und kalt stellen.
Den Mürbeteig in einer gefetteten Springform ausrollen und einen Rand von ca. 5 cm formen. Mit einer Gabel mehrmals einstechen. Den erkalteten Wein-Apfel-Belag darauf verteilen und bei 175° C (Umluft) knapp 60 Minuten backen.
Wer möchte, kann dazu - mit etwas Zimt verfeinerte - Schlagsahne servieren.

Tipp: Mürbeteig und Belag lassen sich prima schon einen Tag vor dem Abbacken vorbereiten.

Andrea Hirschen, Weingut Elmar Hirschen, Bruttig

Weinempfehlung:
Mosel-Saar-Ruwer Riesling Spätlese fruchtsüß - ausprobieren!

Dieser Rotwein-Kuchen schmeckt nach Zimt und Schokolade.

Rotwein-Kuchen

250 g Butter
250 g Zucker
250 g Mehl
4 Eier
1 Päckchen Backpulver
1/8 l Mosel-Rotwein (z.B. trockener Dornfelder)
1 TL Zimt
1 TL Kakao
50 g Schokoladensplitter
Semmelbrösel für die Backform

Guss:

Puderzucker
etwas Rotwein

Butter mit Zucker schaumig schlagen. Nach und nach die Eier zugeben. Mehl mit Backpulver mischen, sieben und langsam mit einrühren. Die restlichen Zutaten nach und nach unterrühren.
Zum Schluss 50 g Schokoladensplitter kurz unterrühren.
Den Teig in eine gefettete, mit Semmelbröseln ausgestreute Kranzform geben und bei 190 °C (Gas Stufe 3, Umluft 175 °C) knapp 60 Minuten backen.
Für den Guss Puderzucker mit etwas Rotwein verrühren und den erkalteten Kuchen damit überziehen oder den Kuchen einfach mit Puderzucker bestäuben.

Andrea Hirschen, Weingut Elmar Hirschen, Bruttig

Weinempfehlung:
Mosel-Saar-Ruwer Dornfelder QbA halbtrocken.

Weinbergspfirsich-Sahnetorte

4 Eier
4 EL heißes Wasser
200 g feiner Zucker
200 g gesiebtes Mehl
1 TL Backpulver

Füllung:

1 kg eingekochte oder gedünstete Weinbergspfirsiche
1/4 l roter Weinbergspfirsichsaft
Saft von einer Zitrone
4 EL Weinbergspfirsichlikör
500 g Quark , 20 %
100-150 g Zucker
8 Blatt weiße Gelatine
2 Blatt rote Gelatine
500 ml Sahne
Puderzucker

Eier mit dem heißen Wasser und dem Zucker sehr schaumig rühren. Mehl und Backpulver vorsichtig unterheben, in eine mit Backpapier ausgelegte Springform füllen und bei 180 °C (Gas Stufe 4, Umluft 160 °C) ca. 45 Minuten backen. Nach dem Auskühlen den Biskuit in zwei Böden zerteilen. Einen Boden mit eingekochten roten Weinbergspfirsichen belegen, Tortenring darumlegen.
Für die Füllung Gelatine einweichen und bei milder Hitze in etwas Pfirsichsaft auflösen. Den restlichen Pfirsichsaft mit dem Zitronensaft, Likör, Quark und Zucker verrühren. Die aufgelöste Gelatine unterrühren und die Masse in den Kühlschrank geben. Wenn die Creme dicklich wird, die geschlagene Sahne unterheben und das Ganze auf den Pfirsichen verteilen. Den 2. Boden auflegen und den Kuchen gut kühlen. Zum Schluss mit Puderzucker bestreuen.

Andrea Konzen, Ellenz-Poltersdorf

Weinempfehlung:
Edelsüße Mosel-Saar-Ruwer Riesling Beerenauslese

Trunkene Marzipan-Torte

Biskuitboden:

5 Eiweiß
5 EL kaltes Wasser
200 g Zucker
5 Eigelb
200 g Mehl
1-2 TL Backpulver

Füllung:

1 Flasche Riesling Spätlese (mit Fruchtsüße)
2 Päckchen Vanillepudding
200 g Zucker
2 Scheiben frische Zitrone
300 g Butter
100 g Zucker, 200 g Puderzucker
200 g Marzipanrohmasse
ein paar Tropfen Rosenwasser
Zum Garnieren Weintrauben und evtl. Reb-Blattspitzen

Für den Biskuitboden Eiweiß und kaltes Wasser zu steifem Schnee schlagen, Zucker dazugeben und zu einer Baisermasse schlagen, Eigelb, Mehl und Backpulver unterheben, Teig in eine gefettete und mit Pergamentpapier ausgelegte Springform (26 cm) geben und 25 Minuten bei 190° C backen. Nach dem Auskühlen 1 oder 2 mal waagerecht durchschneiden.
Für die Füllung 100 ml Wein mit dem Vanillepuddingpulver und dem Zucker gut verrühren, restlichen Wein mit Zitrone zum Kochen bringen und das Puddingpulver einrühren, vorher die Zitrone entfernen. Butter mit Zucker schaumig rühren und die abgekühlte Weincreme löffelweise unterrühren bis eine sämige Buttercreme entsteht. Die Torte damit füllen und die Oberseite und Ränder ebenfalls damit bestreichen.
Marzipanrohmasse mit Puderzucker und ein paar Tropfen Rosenwasser verkneten und zu einer großen runden Platte dünn ausrollen. Die Marzipandecke über die Torte legen, an den Rändern gut andrücken, überstehende Stücke abschneiden und daraus Weinblätter ausschneiden.
Die fertige Torte garnieren mit Weinblättern aus Marzipan, Beeren von Weintrauben und – falls vorhanden - mit frischen jungen Reb-Blattspitzen.

Christa Jüngling, Weingut Paulinshof, Kesten

Weinempfehlung:
Eine angenehm fruchtsüße Mosel-Saar-Ruwer Riesling Spätlese gibt der Trunkenen Marzipan-Torte den nötigen Halt und Beistand!

Flusslandschaft an der Mosel.

Napfkuchen

40 g Hefe
1/4 l Milch
250 g Mehl
250 g Butter
125 g Rosinen oder Weinbeeren
abgeriebene Schale einer halben, unbehandelten Zitrone
4 Eier
1/2 l Milch
250 g Zucker
750 g Mehl

Die Hefe mit 1/4 l Milch und 250 g Zucker verrühren und gehen lassen. Anschließend die übrigen Zutaten unterrühren, zuletzt das Mehl. Den Teig in eine mit Butter gefettete Form geben und eine Stunde gehen lassen. Bei 190 °C (Gas Stufe 3, Umluft 175 ° C) ungefähr eine 45 Minuten backen.

Marlies Linden, Weingut Robert Linden, Köwerich

Weinempfehlung:
Mosel-Saar-Ruwer Riesling Kabinett lieblich.

Krümelkuchen mit Rhabarber-Erdbeer-Quark

Für den Boden:
300 g Butterkekse
100 g Butter
80 g Zucker
50 g gehackte, geröstete Mandeln
Für den Belag:
250 g Quark
2 Päckchen Vanillezucker
1 TL abgeriebene Zitronenschale
200 g Sahne
2 Blatt weiße Gelatine
250 g Erdbeeren
250 g Rhabarber
50 g Zucker
60 ml Wasser
Zum Bestreuen:
50 g gehackte Mandeln
50 g Zucker

Für den Boden die Butter und den Zucker schaumig rühren. Die grob zerbröselten Kekse und die gerösteten Mandeln untermischen und in eine Springform drücken. Glatt streichen und kaltstellen.
Rhabarber schälen, in Stücke schneiden und zusammen mit dem Zucker und Wasser weich dünsten. Abkühlen lassen. Den Quark, Vanillezucker, Zitronenschale und steif geschlagene Sahne verrühren. Die in kaltem Wasser eingeweichte, dann bei milder Hitze aufgelöste Gelatine unterrühren. Sechs Erdbeeren zur Seite legen, die restlichen mit dem abgetropften Rhabarber unter den Quark heben und die Masse auf dem Keksboden verteilen.
Ca. 2 Stunden im Kühlschrank fest werden lassen.
Mandeln mit Zucker karamellisieren. Restliche Erdbeeren halbieren und auf dem Kuchen anrichten, mit Mandeln bestreuen.

Jutta Morbach, Weinhof Michael Morbach, Zeltingen-Rachtig

Weinempfehlung:
Mosel-Saar-Ruwer Riesling QbA, darf durchaus etwas Fruchtsäure mitbringen.

Weincreme-Torte

30 Löffelbiskuits
125 g Butter
2 Becher Sahne
125 g Zucker
250 g Magerquark
Saft von 2 Zitronen
1 Päckchen Vanillezucker
1/4 l Bacchus-Wein, lieblich
12 Blatt Gelatine
zum Verzieren:
100 g Sahne
Trauben oder Schokotraubenblättchen

Die Löffelbiskuits zerbröseln, mit der weichen Butter vermischen und in eine Springform geben.
Die Sahne steif schlagen, Zucker, Magerquark, Zitronensaft, Vanillezucker und Wein vorsichtig unterrühren. Die Gelatine in kaltem Wasser einweichen, gut ausdrücken, bei milder Hitze auflösen und dazugeben. Die Weincreme in die Springform füllen und im Kühlschrank über Nacht erstarren lassen. Mit steif geschlagener Sahne und Trauben oder Schokotraubenblättchen verzieren.

Heidi Spang, Weinhaus St. Joseph, Piesport

Weinempfehlung:
Mosel-Saar-Ruwer Müller-Thurgau QbA lieblich.

Bäuerlicher Käsekuchen

200 g Mehl
50 g Puderzucker
1 Ei
100 g Butter
Prise Salz
400 g Quark
3 Eigelb
40 g Mehl
100 g Zucker

Mehl, Puderzucker, Ei und Butter zügig zu einem Mürbeteig verarbeiten. Eine Stunde kalt ruhen lassen.
Quark, Eigelb, Mehl und Zucker zur Quarkfüllung verrühren. Eine Springform buttern und mehlen, mit dem ausgerollten Mürbeteig auskleiden, Rand nur 3 cm hoch ziehen. Füllung darauf verteilen und in 40 Minuten bei 225 °C (Gas Stufe 4, Umluft 200 °C) goldbraun backen. Möglichst einen Tag kühl ruhen lassen.

Hedwig Molitor, Weingut Molitor, Leiwen

Weinempfehlung:
Ausprobieren!

Federweisser-Quiche mit dreierlei Zwiebeln

250 g Mehl
200 g Butter
Salz
etwas Wasser
Butter und Mehl für die Form
Trockenerbsen zum Blindbacken
80 g frische Weißbrotbrösel
1/2 EL Thymianblättchen
250 g rote Zwiebeln
250 g Zwiebeln
30 g Butterschmalz
3 Knoblauchzehen, gehackt
1/2 Chilischote, gehackt
5 Frühlingszwiebeln
200 g Quark
250 ml Federweißer
3 Eier, 2 Eigelb
Salz, Pfeffer, Muskat
100 g Bergkäse, gerieben

Mehl, Butter und Salz mit etwas Wasser zu einem glatten Teig kneten. Daraus eine Kugel formen, in Klarsichtfolie einwickeln und im Kühlschrank etwa eine Stunde ruhen lassen. Den Teig am besten zwischen zwei Klarsichtfolien dünn ausrollen und in eine gefettete und bemehlte Quicheform legen. Den Teig mit einer Gabel einstechen, mit Backpapier belegen, mit Trockenerbsen auffüllen und im vorgeheizten Backofen bei 200 °C ca. 10 Minuten backen. Anschließend die Erbsen und das Papier entfernen. Die Weißbrotbrösel mit den Thymianblättchen vermengen und auf den gebackenen Boden streuen. Die roten und die "normalen"Zwiebeln schälen und in feine Ringe schneiden. 30 g Butterschmalz in einer Pfanne erhitzen und Zwiebeln, Knoblauch und Chili darin goldbraun braten, in ein Sieb gießen und abtropfen lassen. Die Frühlingszwiebeln putzen, waschen und in Ringe schneiden. Mit den angebratenen Zwiebeln vermengen und auf den Quicheboden streuen. Den Quark mit dem Federweißen, den Eiern und den Eigelben mit einem Stabmixer glatt mixen und mit Salz, Pfeffer und Muskat würzen. Alles gut vermengen und auf die Quiche gießen. Den geriebenen Bergkäse gleichmäßig darüber streuen. Im vorgeheizten Backofen bei 210 °C (Gas Stufe 4, Umluft 190 °C) ca. 35 Minuten backen.

Barbara Wünsch-Schirmer, Weingut Schenk-Oster, Waldrach

Fast schon eine kleine Mahlzeit: Ein ganzer Camembert wird für diese Winzerbrotzeit in Blätterteig im Ofen gebacken.

Camembert in Blätterteig gebacken

Für 1 Person:
3/4 Blatt Blätterteig
1 ovaler Camembert, 60% Fett
1 Eiweiß, verschlagen
Brot
Zum Dekorieren: Salatblätter, Preiselbeeren

Den Blätterteig auftauen lassen; den Camembert darauf legen und den Blätterteig so um den Käse schlagen, dass die Seiten hoch eingeschlagen sind, aber immer noch etwas vom Käse zu sehen ist; mit etwas Eiweiß fest kleben.
Im Backofen bei 180 °C (Gas Stufe 3, Umluft 160 °C) ca. 10-15 Minuten backen, bis der Blätterteig aufgeht und braun ist.
Mit Salatblättern und Preiselbeeren dekorieren und mit Brot servieren.

Jutta Bastian, Weingut Dirk Bastian, Winningen

Schinkenschnecken

300 g Tiefkühl-Blätterteig
150 g gekochter Schinken
1 Zwiebel
1 Bund Petersilie
2 EL Crème fraîche
1 Eiweiß
150 g geriebener Gouda
Pfeffer, Salz, Oregano
1 Eigelb

Den Blätterteig antauen lassen, in 5 Teile schneiden und zu Rechtecken (ca. 15 x 35 cm) ausrollen. Den Schinken, die Zwiebel und die Petersilie fein hacken und mit der Crème Fraîche, dem Eiweiß, dem Gouda und den Gewürzen vermischen. Die Masse auf die Teigplatten verteilen und von der langen Seite her aufrollen. Die Rolle in 2 bis 3 cm dicke Scheiben schneiden und auf ein mit Backpapier ausgelegtes Blech verteilen. Das Eigelb verquirlen und die Schnecken damit bestreichen.
Im Backofen bei 200 °C (Gas Stufe 4, Umluft 180 °C) 15 bis 18 Minuten backen.

Christiane Becker-Jostock, Leiwen

Gerupfter Winzerkäse

Für 4 Personen:
400 g Frischkäse
1 Becher Schmand
2 Eigelb
1 Bund Schnittlauch
3 Zehen Knoblauch (nach Geschmack)
1cl Trester
Pfeffer aus der Mühle

Den Frischkäse zusammen mit dem Schmand, den beiden Eigelben und dem Trester in einer Schüssel verrühren. Den Schnittlauch in feine Röllchen schneiden, den Knoblauch schälen und durch eine Knoblauchpresse drücken und unterrühren. Zum Schluss den Winzerkäse mit frisch gemahlenem Pfeffer würzen.

Tipp: Der gerupfte Winzerkäse passt hervorragend zu allen Grillgerichten, zu Pellkartoffeln, als Dip mit in Streifen geschnittenen Paprika, Salatgurke, Möhren, Kohlrabi oder als Dip mit Kräckern oder Gebäckstangen, zu frischem Brot bei einer Winzerbrotzeit und natürlich mit Baguette zu grünem Salat.

Petra Classen, Köwerich

Calmont.

Drei herzhafte Käsevergnügen für Weinbrotzeiten im Frühling, jeweils für 4-6 Personen:

Bärlauch-Frischkäse

400 g Doppelrahmfrischkäse
150 g Butter
1/2 TL Salz, Pfeffer
ca. 40-50 g frischer Bärlauch

Frischkäse, Butter, Pfeffer und Salz in der Küchenmaschine zerkleinern. Bärlauch fein hacken und zum Schluss unterrühren.

Bärlauch-Limburger

400 g Limburger
200 g Butter
Paprikapulver
60 g frischer Bärlauch
1 Zwiebel

Limburger, Butter und Paprika in der Küchenmaschine zerkleinern. Bärlauch und Zwiebeln sehr fein hacken und zum Schluss unterrühren.

Bärlauch-Schafskäse:

400 g Schafskäse
1 Schuss Olivenöl
50-60 g frischer Bärlauch

Schafskäse mit dem Olivenöl in der Küchenmaschine zerkleinern. Bärlauch sehr fein gehackt unterheben.

Iris Franzen, Weingut Reinhold Franzen, Bremm

Tipp: Bärlauch findet man ab März in lichten Laubwäldern und an Flussufern. Am besten schmecken die zarten grünen Blätter. Sie können jedoch auch die Stängel und die Knospen verwenden. Oder man kauft ihn auf Märkten und in gut sortierten Gemüsegeschäften

Selbst gebackenes Walnussbrot mit frischer Butter - mehr braucht man eigentlich gar nicht!

Walnussbrot

Für 1 Laib:
1 Würfel Hefe oder 1 Päckchen Trockenhefe
40 g Sauerteig
250 g Weizenmehl
250 g Roggenmehl
300 ml trockener Riesling
90 ml Traubenkernöl
1 TL Salz
1 TL Zucker
200 g Walnüsse, grob gehackt

Alle Zutaten (mit Zimmertemperatur) miteinander verkneten. Zum Schluss die Walnüsse zugeben. Den Teig abgedeckt in der Schüssel 20 Minuten ruhen lassen.
Dann den Teig zu einem runden oder länglichen Laib formen, auf ein gefettetes Backblech legen und nochmals 40 Minuten an einem warmen Platz gehen lassen.
Im vorgeheizten Backofen bei 220 Grad ca. 1 Stunde backen.

Tipp: Das Rezept lässt sich für ein Bärlauchbrot abwandeln: Die Walnüsse werden durch fein gehackten Bärlauch ersetzt.

Marie-Theres Heß-Becker, Ferienweingut Heß-Bcker, Bruttig-Fankel

Die Mosel bei Wehlen.

Schnelles Camembertbrötchen

Für 4 Personen:
250 g Camembert 45 %
20 g Butter oder Margarine
100 ml trockener Weißwein (Riesling)
1 kleine gewürfelte Zwiebel
1/2 Bund gehackte Petersilie
1/2 Bund gehackter Schnittlauch
1 TL Paprikapulver
Pfeffer
4 EL Chilisauce
4 Baguettebrötchen

Camembert, Margarine und Riesling mit einem Pürierstab zu einer cremigen Masse verarbeiten. Zwiebel, Petersilie und Schnittlauch hinzugeben, anschließend gut vermischen und mit Paprika, Pfeffer und Chilisauce abschmecken. 4 Baguettebrötchen aufschneiden, die Hälften mit der Creme bestreichen und bei ca. 180 °C (Gas Stufe 3, Umluft 160 °C) überbacken, bis die Masse goldgelb ist.

Andrea Konzen, Ellenz-Poltersdorf

Windbeutel mit pikanten Füllungen

Für 8-10 Personen:

Windbeutel:

250 ml Wasser
50 g Butter
1 Prise Salz
160 g Mehl
40 g Speisestärke
3–4 Eier
1/2 Päckchen Backpulver

Butter, Wasser und Salz in einem Topf aufkochen und von der Herdplatte nehmen. Das durchgesiebte Mehl und die Speisestärke auf einmal zugeben und kräftig durchrühren. Den Topf wieder auf die Herdplatte setzen und den Teig unter Rühren so lange erhitzen, bis er sich vom Topfrand löst und zu einem Kloß zusammen ballt.
Den Teig ca. 2 bis 3 Minuten abkühlen lassen. Die Eier einzeln verquirlen und eins nach dem anderen unter den lauwarmen Teig rühren. Der Teig ist gut, wenn er glänzt und weich ist und in langen Spitzen vom Löffel reißt, eventuell muss das vierte Ei nur zur Hälfte eingerührt werden. Danach das Backpulver unterrühren.
Den Teig in einen Spritzbeutel füllen und in großen Abständen auf ein ungefettetes Backblech spritzen, damit die Windbeutel beim Backen nicht aneinander kleben. Im vorgeheizten Backofen bei 220 °C (gas Stufe 5, Umluft 200 °C) ca. 20 bis 25 Minuten backen; dabei ein feuerfestes Gefäß mit Wasser auf den Backofenboden stellen.
Die Windbeutelfüllung mit Hilfe eines Spritzbeutels in den Boden der aufgeschnittenen Windbeutel füllen und Deckel aufsetzen.
Je nach Geschmack die Windbeutelböden vor dem Einfüllen mit Gurkenscheiben oder Paprikastreifen belegen.

Pikante Füllungen:
Lachs-Meerrettich-Sahne

400 g Sahne
50 g geriebener Meerrettich
100 g Räucherlachs
Salz, Pfeffer
1 El fein geschnittener Dill

Sahne steif schlagen. Lachs in feine Würfel schneiden und mit dem Meerrettich und dem Dill unter die Sahne rühren.

Schinken-Käse-Creme

200 g Kräuterfrischkäse
2 EL Miracle Whip
2–3 Scheiben gekochter Schinken
1 Zwiebel
1 TL Senf
Salz, Pfeffer, Tabasco

Die Zwiebel fein reiben, den Schinken in feine Würfel schneiden; beides mit dem Kräuterfrischkäse, Miracle Whip und dem Senf verrühren. Mit Salz, Pfeffer und Tabasco abschmecken.

Ute Kries, Weingut Kries, Dieblich

Harzerkäse-Winzerschmaus

1 Scheibe Vollkornbrot
Griebenschmalz
1 Röllchen Harzerkäse
3 Scheiben durchwachsener Speck
Zwiebelringe
Pfeffer
Zum Garnieren: frische Tomaten, Gewürzgurken, Petersilie

Das Vollkornbrot mit Griebenschmalz bestreichen. Ein Röllchen Harzerkäse in dünne Scheiben schneiden und darauf verteilen. Den durchwachsenen Speck mit Zwiebelringen leicht anbraten. Den Speck und obenauf die Zwiebeln auf das Brot legen. Mit Pfeffer würzen. Nun ein paar Röstzwieben locker darüber geben und auf einem Teller mit frischen Tomaten, Gewürzgurken und Petersilie anrichten.

Jutta Morbach, Weinhof Michael Morbach, Zeltingen-Rachtig

PIKANTES BROT ZUM WEIN

500 g Mehl
2 Päckchen Trockenhefe
300 ml trockener Weißwein
200 ml Olivenöl
200 g roher Schinken
200 g Pecorino-Käse
je 2 Zweige frischer Thymian und Majoran
4 Eier
1 TL Salz
200 g Pinienkerne

Das Mehl mit der Hefe mischen. Nach und nach den lauwarmen Wein und das Öl unterrühren. Den dickflüssigen Teig abdecken und an einem warmen Ort etwa 30 Minuten gehen lassen.
Inzwischen den Schinken von Fetträndern befreien und in sehr schmale Streifen schneiden. Den Pecorino fein reiben. Die Kräuter abbrausen und trockentupfen, die Blättchen von den Stängeln streifen. Nach und nach die Eier und das Salz in den Teig rühren. Danach den Schinken, den Käse, die Kräuter und die Pinienkerne unterziehen.
Ein tiefes Backblech mit Backpapier auslegen. Den Teig auf dem Blech (er ist relativ flüssig) verteilen und bei 200 °C (Gas: Stufe 3, Umluft 180 °C) etwa 45 Minuten backen. Lauwarm oder kalt, in Rauten geschnitten, zum Wein reichen.

Barbara Wünsch-Schirmer, Weingut Schenk-Oster, Waldrach

Zwiebelkuchen

Hefeteig:

300 g Mehl
20 g Hefe
1 Prise Zucker
120 ml Milch
1 TL Salz
50 g Butter

Belag:

750 g Zwiebeln
250 g Schinkenspeckwürfel
5 Eier
400 ml saure Sahne / Schmand
1/2 TL Salz, Pfeffer, Muskat
2-3 TL Kümmel

Zunächst bereitet man einen klassischen Hefeteig zu und verteilt ihn auf einem Backblech.
Die Zwiebeln und den Schinkenspeck fein würfeln. Die Schinkenwürfel kurz anbraten, die Zwiebeln dazugeben und kurz andünsten. Die Eier mit der sauren Sahne bzw. dem Schmand verquirlen, mit den übrigen Zutaten vermischen und auf dem Hefeteig verteilen. Bei 180 bis 200 °C (Gas Stufe 3-4, Umluft 160-180 °C) backen, bis der Hefeteig gar und die Masse schön braun ist.

Variante: Bärlauch in die Masse und auch in den Teig geben, gibt ein tolles Aroma!

Silke Schneider, Weingut Helmut Schneider, Bekond

Winzerkrusties

Für 6 Personen:
12 Baguettebrötchen
600 g Schmand
200 g Gouda
400 g Salami
2-3 TL gerebelter Thymian

Den Käse reiben, die Salami in feine Streifen schneiden und mit dem Schmand in einer großen Schüssel verrühren. Thymian untermischen und die Baguettehälften mit der Masse bestreichen. Im Backofen bei 200 °C (Gas Stufe 4, Umluft 180 °C) überbacken und heiß servieren.

Weingut Scholtes, Leiwen

Mosel-Loreley gegenüber von Piesport.

PASTETCHEN MIT KÄSE UND SPECK

Für 8 bis 12 Personen:
400 g TK-Blätterteig, aufgetaut
Füllung:
600 ml Becher Schmand,
5 sehr fein gehackte Schalotten
200 g geriebener Emmentaler
100 g fein gewürfelter Schinkenspeck
Salz, Pfeffer

Den Schmand mit den Schalotten verrühren, die Masse halbieren. Eine Hälfte mit dem frisch (!) geriebenem Emmentaler, die andere mit dem Schinkenspeck verrühren. Mit ganz wenig Salz und frisch gemahlenem buntem Pfeffer abschmecken.
Blätterteig auf Backblechgröße ausrollen und dann ca. 4 x 6 cm große Rechtecke ausschneiden, jeweils die Schmalseiten an den Enden aneinanderdrücken, sodass bootförmige Pastetchen entstehen. Diese mit der Käse- oder der Schinkenmasse füllen und auf ein kalt abgespültes Backblech setzen.
Wenn's schnell gehen muss: Blätterteig (Blätterteigplatten an den Rändern befeuchten, aneinanderfügen) auf Backblechgröße ausrollen, auf ein kalt abgespültes Backblech legen und eine Hälfte mit der Käse-, die andere mit der Speckmasse bestreichen.
Bei 225 °C (Gas Stufe 5, Umluft 200 °C) in ca. 10 Minuten goldbraun backen. Lauwarm oder kalt servieren.

Annemie Köwerich, Weingut Nick Köwerich, Leiwen

Paprikaaufstrich mit Frühlingszwiebeln

400 g Frischkäse
400 g Paprika-Frischkäse
250 g Sahnequark
1 Becher Schmand
1 rote Paprikaschote
1 gelbe Paprikaschote
5 Frühlingszwiebeln
Salz, Pfeffer

Die beiden Frischkäsesorten, den Sahnequark und den Schmand miteinander verrühren. Die Paprikaschoten fein würfeln und die Frühlingszwiebeln in Ringe schneiden. Das Ganze mit Salz und Pfeffer abschmecken. Dazu passt ein herzhaftes Bauernbrot.

Sylvie Krebs, Marsberger Weinhof, Neumagen-Dhron

Kalle im Wingert

Von Ausbrechern, einem Lesekönig und verschwundenen Rebläusen. Ein Bilderbuch erzählt von der Arbeit des Winzers damals und heute. Von Antje Fries und Maike Müller, illustriert von Carolin Klein. *„Liebevolles Buch mit Witz, Unterhaltungswert und leicht verständlichen Erklärungen."* (Weinwelt)

ISBN 3-9808383-1-5, 32 S., farbige Abb., € 11,50

Federführend.
19 Autorinnen vom Rhein

Hg. von Marlene Hübel u. Jens Frederiksen

Autorinnen aus 4 Jahrhunderten werden mit einem biografischen Essay und Leseproben vorgestellt. *„Ein Schmuckstück, eine Fundgrube!"* (AZ, Mainz)

ISBN 3-9808383-7-4, 176 S., Hardcover, €14,90

Erdmann Gormsen:
Das Mittelrheintal. Eine Kulturlandfschaft im Wandel

Eine weit gefasste Kulturgeschichte des Mittelrheintales, informativ und reich bebildert. *„Gormsen hält die schwierige Balance zwischen ernsthafter Analyse und populärwissenschaftlichem Anspruch."* (FAZ)

ISBN 3-9808383-2-3, 96 S., Hardcover, 105 Abb., 80 davon in Farbe, € 19,90

Heinz-Egon Rösch
Lothringen erleben.
Mit dem Auto mit dem Fahrrad und zu Fuß.

16 Auto-, 15 Radtouren und 10 Wanderungen.
Der einzige Lothringen-Reiseführer!
„Der kennt nicht nur das Land, sondern auch seine Leute und die wechselvolle Geschichte dieser Region wie seine Westentasche. Dem Führer ist dies auf jeder Seite anzumerken." (Rheinpfalz)

ISBN 3-9808383-0-7, 172 S., Broschur, € 12,50